August Stober

Neue Alsatia

Beiträge zur Landeskunde, Geschichte, Sitten-und Rechtskunde des Elsasses, ausgewählt aus 50 Jahren literarischer Tätigkeit des Verfassers, 1834-1884

August Stöber

Neue Alsatia
Beiträge zur Landeskunde, Geschichte, Sitten- und Rechtskunde des Elsasses,
ausgewählt aus 50 Jahren literarischer Tätigkeit des Verfassers, 1834-1884

ISBN/EAN: 9783743601109

Hergestellt in Europa, USA, Kanada, Australien, Japan

Cover: Foto ©ninafisch / pixelio.de

Manufactured and distributed by brebook publishing software (www.brebook.com)

August
Sto

ber

Neue Alsatia

wurde¹ ober sich doch wenigstens in Spott und Witz über sie aussprach. Diesen waren Rothhaarige stets ausgesetzt. „Impertinent blund sin; roth gepubert sin; rothe Puder braue" — sind im Elsaß allbekannte Witzreden.²

Ein mittelalterlicher Dichter Wirnt von Gravenburg sagt im Wigalois, V. 2841, von einem Ritter:

  „im wart der bart und daz har
  beidiu r o t und viurvar;³
  von den selben hoer ich sagen,
  daz si falschez herze tragen".

Cuonrat von Würzeburc brandmarkt Einen in seinem „Otte mit dem Bart", 8, indem er von ihm spricht!

  ..."er hete r o e t e l e h t e s har⁴
  und was mit alle ein übel man".

In Laßbergs Liedersaal singt ein Dichter:

  „nieman, rat ich, trüwen sol
  dem r o t e n friunde allzu wol".

Boner spricht in seinen Fabeln die Warnung aus:

  „Es sollen frowen unde man
  den r o t e n gesellen laßen gan".

Ein altes lateinisches Sprichwort wirft den Kleinen Mangel an Demuth, den Rothen Treulosigkeit vor:

  « Raro breves humiles
  Vidi r u f f o s que fideles ».

Bebelius gibt es also zu deutsch:

  „Die Kleinen sich gern erheben,
  Die R o t h e n voll Eigensinns leben".

Rothhaarige Leute sind bös, sagt man in Schwaben, und

---

¹ So wie J u d a s, ist auch F r a n z M o o r ein Rothkopf; einer der drei Spitzbuben in Hebels Schatzkästlein ist der r o t h e D i e t h e r.
² S. Arnold's Pfingstmontag, Orginalausgabe, 95.
³ Beide roth und feuerfarbig.
⁴ röthliches.

von Gott gezeichnet;[1] und in der Schweiz so wie in Mülhausen:

"Die rotha Lüt hand siba Hüt,
Sechsmol meh as anber Lüt".[2]

Im Schwarzwald,[3] übrigens auch bei uns, sagt man folgenden Reim:

"Rother Fuchs, bein Bart brennt an,
Schütt e Bisle Wasser bran".

Allverbreitet ist das Sprichwort: "Rothi Hoor und Erleholz gerothe in kei'm guete Bode".

Rothhaariges Liebchen lobt das Volkslied nie. In Rochholz, Schweizerischem Kinderbuche, 305, sagt ein Reim:

"Fiberix und Fiberax,
Und e Fink iß ke Spatz,
Und e rothhörigs Maibli
Mag i nit zue mim Schatz".

Deßgleichen heißt es in einem altbayerischen Schnaberhüpferl:

"Du muoanst bu bist schoin,
Es ist ebe net wahr,
Du theast a weng schielken
Un hast e roths Haar".[4]

Hören wir dagegen wie sich ein Rothhaariger selbst tröstet:

"Habe ich dann rothe Haar.
Darum habe ich noch kein' Gefahr,
Mancher steckt in schönen Haaren,
Auch babei in viel Gefahren;
Habe ich dann rothe Haar,
Darum habe ich noch kein Gefahr".[5]

---

[1] Meier, 507.
[2] Tobler, Appenzeller Sprachschatz, 27.
[3] Auerbach, Dorfgeschichten. Neue Folge, 117.
[4] Erlach, IV, 317.
[5] Schmitz, Eifelsagen u. s. w. I, 155.

Wie sich, in Folge eines Fluches, von Geschlecht zu Geschlecht, stets ein Rothhaariger in derselben Familie zeigt, erzählt folgende Sage: „Ein Mitglied der ursprünglich normännischen, jetzt im deutschen Lothringen säßhaften Familie B..., ein Hugenotte, hatte im Kerker den ihn bekehren wollenden Jesuitenpater mit einem Dolche erstochen. Im Augenblicke des Verscheidens verfluchte der Jesuit seinen Mörder und dessen ganze Nachkommenschaft. B... hüllte sich hierauf in des Jesuiten Kleidung, entfloh und kam glücklich von Versteck zu Versteck bis in die Grafschaft Saarwerden, wo er sich in dem jetzt völlig verschwundenen Dorfe Isch ankaufte und verheirathete. Allein der Fluch des Jesuiten sollte in Erfüllung gehn: Unter den Kindern des Mörders erschien ein Knabe mit brandrothen Haaren. Und ebenso in allen nachfolgenden Geschlechtern trotz vielfacher Vermischung, soll, der Volkssage gemäß, bis auf den heutigen Tag, der Rothkopf, wie ihn die Leute dort nennen, unabweislich vorhanden sein".[1]

Selbst aus dieser skizzenhaften Zusammenstellung eines Theiles des seit Jahren gesammelten Materials „über die Bedeutung der rothen Farbe im Volksleben und im Volksglauben", wird dem aufmerksamen Leser die Reichhaltigkeit und die nach so vielen Seiten hin greifende Symbolik des behandelten Gegenstandes nicht entgangen sein. Manches habe ich zum Theil mit Fleiß, zum Theil wegen Mangel an Zeit, unberührt gelassen oder nur oberflächlich besprochen, um es vielleicht unter günstigern Umständen wieder vorzunehmen.

---

[1] Sagen des Elsasses, 294—295.

Das Laden vor Gottes Gericht

ins Thal Josaphat.

Das Laden vor Gottes Gericht ins Thal Josaphat, kömmt in einer elsässischen Sage vor, die ich, obgleich sie schon in meiner Sammlung S. 137 gedruckt ist, hier mittheilen muß, um die nachfolgenden allgemeinen Bemerkungen daran zu knüpfen.

„Der tapfere Ritter Hans Marx von Eckwersheim hatte einen langwierigen Prozeß mit dem Junker Anton Wilsperg, bischöflichem Amtmann in Zabern.

„Dieser hatte ihm tödtliche Rache geschworen.

„Als nun eines Tages Marx von Eckwersheim zu Dambach im Bade gesessen, und, nach damaligem Gebrauche, in ein langes Hemd gehüllt, die Stube verlassen wollte um sich anzukleiden, stürzte Wilsperg auf ihn zu und hieb ihm mit einem gewaltigen Schwertstreiche beide Hände ab.

„Vergebens suchte sich Marx an seinem Feinde zu rächen, und als er Jahre lang nach dieser grausamen Frevelthat auf dem Schmerzeslager hingestreckt lag, hob er, sein nahes Ende bevorsehend, die verstümmelten Stümpfe gen Himmel und lud den Junker von Wilsperg vor das jüngste Gericht im Thale Josaphat.

„Er starb mit dieser Drohung.

„Deßselben Tages aber starb auch jählings zu Zabern, nach Andern, im Gasthof zum Hohensteg zu Straßburg, der Junker Anton von Wilsperg".

Das Laden ins Thal Josaphat vor Gottes Gericht erscheint im Mittelalter häufig, wenn der unschuldig Verfolgte seinem Bedränger unterliegen muß, Bedrückung oder selbst den Tod von ihm zu erwarten hat und kein menschlicher Vertheidiger in der Nähe ist, kein menschliches Gericht sich sein erbarmen kann.

Nach einer Stelle des Propheten Joel 3, 2, sollen die Heiden ins Thal Josaphat geführt und daselbst gerichtet werden. Die Juden glaubten in diesem Thale werde Gott sein letztes, jüngstes Gericht halten. Daselbe heißt auch Lobethal, weil Josaphat, mit allem Volke daselbst den Herrn gelobt wegen des wider seine Feinde erhaltenen herrlichen Sieges.[1] Die Christen schlossen sich dieser Meinung an und es verbreitete sich im Volke die Sage daß wie Christus „vom Oelberge" gen Himmel gefahren, also werde er wieder am Ende der Zeiten mit allem Glanze seiner Herrlichkeit auf denselben zurückkommen um das letzte Gericht im Thale Josaphat, bei Jerusalem, zu halten. Da aber, wegen des engen Raumes und der Menge der Geladenen nicht alle darin werden stehen können, so werden die Frommen und Heiligen zur Rechten Christi in der Luft schweben, die Gottlosen aber, die Böcke, ihm zur Linken stehn und des Gerichts harren.

Diejenigen nun, die sich gegen ungerechte Richter oder mächtige, unerbittliche Feinde zu beklagen hatten, luden dieselben in jenes Thal, vor Gottes Gericht. Darunter verstanden sie allerdings das letzte, jüngste Gericht, am Ende der Zeiten; allein sie erwarteten von ihrer Ladung auch sogleich, oder in einer bestimmten Frist schon eine irdische Strafe, oft den Tod ihres

---

[1] Vgl. „Magiologia, d. i. Christlicher Bericht von dem Aberglauben und Zauberey der Welt u. s. w. durch Philonem (Bartholomäus Anhorn), Augustae Rauracorum 1675", S. 408 u. f.

Gegners, wie dies aus unserer oben angeführten elsässischen Sage erhellt.

Aeltere Schriftsteller haben eine Menge ähnlicher, von ihnen für wahr gehaltener Begebenheiten aufgezeichnet. Hier einige als Zeugnisse für die Geschichte der Sitten und Geistesverfassung der Zeit:

Im Jahr 1312 wurden zwei Brüder **Petrus** und **Johannes Carvajal**, auf bloßen Argwohn angeklagt einen Herrn von Bonavidium ermordet zu haben. Ferdinand IV. von Castilien verurtheilte sie, unverhört, von einem hohen Felsen herabgestürzt zu werden. Die Brüder, ihrer Unschuld gewiß, luden den König vor innerhalb dreißig Tagen vor Gottes Gericht zu erscheinen und daselbst Rechenschaft von seinem grausamen Urtheilsspruche zu geben. Ferdinand starb am dreißigsten Tage.

Ein Meister des **deutschen Ordens** hatte einen Unschuldigen zum Galgen verurtheilt; dieser lud ihn innerhalb dreizehn Tagen vor Gottes Gericht zu erscheinen. Und siehe, er starb am dreizehnten Tage.

Auch **Papst Clemens V.** und **König Philipps des Schönen** Tod, in Jahresfrist, nach dem Prozesse der Tempelherren, wird bekanntlich einer ähnlichen Drohung und Vorladung zugeschrieben.

Rudolf, ein Erzherzog von Oestreich, hatte einem seiner Ritter Haß und Feindschaft geschworen und endlich beschlossen ihn aus dem Wege zu räumen. Er verurtheilte ihn in einem ledernen Sacke ins Wasser geworfen zu werden. Vergebens begehrte der Unglückliche die Ursache dieses grausamen Verfahrens und das ihm aufgebürdete Verbrechen zu kennen. Der Herzog spottete sein vom Fenster herab, da der Henker eben sein schreckliches Amt vollziehen wollte. Da raffte sich der Ritter plötzlich auf und rief seinem Todfeinde mit donnernder Stimme zu: „Erzherzog Rudolf, ich lade dich vor den Richterstuhl Christi, in das Thal Josaphat, daselbst Antwort zu geben, warum du mich Unschuldigen mit einem so grausamen Tode bestrafest!"

„Gehe nur voran, rief ihm der Herzog spöttisch herab, ich will dir schon folgen".

Ehe ein Jahr verflossen, war Rudolf dem Tode nahe und rief den umstehenden zu: „O ihr lieben Freunde, der Tod ist vorhanden; ich gehe hin vor Gottes Gericht!"

In seinen Disquisitiones magicæ, p. 609 theilt der Jesuit Martin Del=Rio, der bekanntlich seinen Angriffen gegen die Zauberei eine gelehrte wissenschaftliche Form gab, folgende merkwürdige Begebenheit mit, die sich auf das Vorladen vor Gottes Gericht bezieht:

„Ein Neffe des Provostes von Lüttich war aus frommem Triebe in das Kloster des heiligen Jacob gegangen, um dort Gott in der Einsamkeit sein Leben zu weihen. Als der Provost dieß vernahm, wurde er zornigen Muthes, zog mit gewaffneter Hand zu dem Kloster hin, holte den Jüngling heraus und ließ ihm die Ordenskleider ausziehen und ihm weltliche dafür geben. Der Abt, betrübt ob dem Verluste eines so frommen Dieners Gottes, wandte sich mit vielen der vornehmsten Bürger der Stadt an den Bischof und bat diesen um Gerechtigkeit gegen den Provost; aber der Bischof fuhr ihn mit harten Worten an und wollte ihn nicht hören. Da warf sich der Abt auf die Knie und rief mit lauter Stimme: „Ich finde auf Erden kein Recht gegen dich, Provost, darum muß ich es bei Gott suchen, und vor dessen Richterstuhl lade ich dich, binnen vierzig Tagen mit mir zu erscheinen und dein Urtheil zu hören". Deß lachte der Bischof und die andern Geistlichen, und der Abt mußte unter Spott und Hohn den Saal verlassen.

„Als aber der vierzigste Tag nahte, da läuteten die Glocken

des Klosters allesammt und die Ordensbrüder klagten um den Sarg des frommen Abtes. Der Provost fragte, als er das feierliche Geläute hörte, wem dieß gelte. Da man ihm aber den Tod des Abtes meldete, erschrack er gar sehr und sprach: „Sagt mir, was soll ich thun? Heute ist der vierzigste Tag, und ich muß vor den Augen des höchsten Richters erscheinen." Mit diesen Worten wollte er aus dem Bade eilen, in dem er sich eben befand, sank aber unter schrecklichem Geheul in die Arme seiner Diener zurück und hauchte den Geist aus".

Noch jetzt ist der Glaube an die Wirksamkeit dieses Berufens vor Gottes Gericht im Volke verbreitet. Es beruht einerseits auf demselben Grunde wie die Ordalien des Mittelalters, welche Gott zum Schiedsrichter, zum Retter des unschuldig Bedrängten wählten; andrerseits, knüpft es sich an den Glauben daß das feierlich ausgesprochene Wort des Bedrückten oder Verfolgten, vom höchsten Richter nie unerhört bleibe. So läßt sich's das Volk auch nicht nehmen, daß Verwünschungen, Verfluchungen, an dem ungerechten Feinde in Erfüllung gehen müssen.

Nicht immer wird als Ort des Urtheils das Thal Josaphat ausdrücklich angegeben; oft, wie in mehrern der angeführten Beispiele, wird nur von Gottes Gericht gesprochen, wobei sich der Volksglaube einen wirklichen Richterstuhl vorstellt, von welchem aus der ewige Richter sein Urtheil fällt. Die Angabe der Zeit binnen welcher der Vorgeladene vor demselben zu erscheinen hat, ist verschieden. In unsern Beispielen werden die Beschuldigten auf den dreizehnten, den dreißigsten, den vierzigsten Tag oder in Jahresfrist vorgeladen.

Im Badischen besteht, noch heutzutage, folgender Volksglaube: Wenn ein Mensch einen andern vor Gottes Gericht geladen hat, so muß derjenige von ihnen, welcher zuerst gestorben, so lange zwischen Himmel und Erde schweben, bis der

Andere nachkommt. Dies geschieht binnen sechs Wochen und Beide gehen dann mit einander vor des Ewigen Richterstuhl.

Daß dem so sei — erzählt Bernhard Baader einem Bauersmanne nach — hat sich in neuerer Zeit wieder in Waldangelloch erwiesen. Dort war ein Küfer von einem Zimmermann um Vieles betrogen worden, und da er kein Recht finden konnte, lud er denselben vor Gottes Gericht. Der Zimmermann lachte zwar darüber, und selbst nach dem bald erfolgten Tode des Küfers hatte er bei seiner kräftigen Gesundheit keine Furcht. Aber in der vierten Woche darauf ward er plötzlich krank und starb nach einigen Tagen.

Das St. Adelphi-Brünnlein,

bei Neuweiler, im Unter-Elsaß,

eine Volkslegende

mit erläuternden und vergleichenden Anmerkungen.

I.

Einleitender Exkurs über das Entstehen und Wesen der religiösen Volkssage. Ansicht eines tiroler Pfarrherrn darüber.

ieser Exkurs soll nicht eingehend und kann nicht erschöpfend sein; nur einige Hauptzüge sollen angegeben werden.

Wenn die einfache, dem Mundlaut des Volkes treulich nachkommende Erzählung jeder Sage schon Pflicht und Schuldigkeit ist, so ist dies um so mehr der Fall bei der religiösen Sage, die man gewöhnlich Volkslegende nennt, und die sich von der kirchlichen Legende insofern unterscheidet, daß diese eine offizielle Aufzeichnung und Geltung hat, während jene sich freier bewegt und daher in einzelnen Umständen wandelbar ist.

Verdrehungen im Erklären von Thatsachen, willkürliches Hereinziehen heidnischer Persönlichkeiten an die Stelle wirklich erwiesener christlicher, sind mir ebenso zuwider als das absolute Leugnen mancher Bezüge, mancher Vererbung heidnischer Anschauungsweisen, Gebräuche und Sitten auf christliche. Beides erscheint mir als gleich unwahr, als gleich unwissenschaftlich.

Von beiden Seiten ab, suche ich mich in den nachfolgenden Blättern vorurtheilsfrei zu bewegen: schlicht und einfach, ohne Schmuck oder sonstige Zuthat die schöne Legende vom St. Adelphi-Brünnlein zu erzählen, und daran erläuternde und vergleichende Bemerkungen zu knüpfen, welche deren Hauptmomente selbst liefern.

So wie wir, die Söhne unserer Väter, von diesen, in den mancherlei Beziehungen des Lebens, gewisse Ueberlieferungen und Ansichten ihrer Jugendzeit überkommen und angenommen, so haben sie es selbst von den ihrigen. Die aufsteigende Linie fährt, durch Jahrhunderte christlicher Gesittung und Anschauung, endlich auf die Grenzlinie, wo das Heidenthum dem Christenthume wich, beide Elemente aber noch nicht scharf und klar von einander geschieden waren und noch oft in einander überflossen auf einen Zustand, der — es ist unläugbar — auch in unserer Zeit im Volksaberglauben noch gewaltige Schwingungen verspüren läßt.

Ich will nicht einmal zur Hälfte der Verfasser dieses einleitenden Exkurses sein und nun das Wort dem gelehrten Philologen und Mythenforscher, dem verehrten Joseph Thaler, katholischem Pfarrer in Kains oder Quens, bei Meran, in Tirol, lassen. In der leider eingegangenen von J. W. Wolf gegründeten und von W. Mannhardt fortgeführten „Zeitschrift für deutsche Mythologie und Sittenkunde" (1853—1859, Göttingen) wirft, Bd. I, S. 280—295, Joseph Thaler die Frage auf: „Können auch in Tyrol Spuren vom germanischen Heidenthum vorkommen?" Aus seiner Beantwortung hebe ich folgende Stelle aus:

....„Mithin gab es in Tyrol wirklich germanische Heiden; und somit ist auch die Möglichkeit des Vorhandenseins von Spuren ihres Götterdienstes erwiesen. Derlei heidnische Ueberbleibsel konnten sich in unsern abgeschlossenen Alpenthälern noch fort erhalten, wenn sie in den flachen und offenen Gauen des übrigen deutschen Vaterlandes auch schon längst verschwunden wären; denn selbst in diesem Falle hätten sie doch wenigstens nebst den alten Sagen von der Religion und dem Aberglauben ihrer Väter auch so manche heidnische Gebräuche mitgebracht und als nunmehrige Volksgebräuche ohne weitere Beziehung auf den Götterdienst und daher mit stillschweigender Duldung von Seite der Kirche beibehalten. Diese als weise Erzieherin der Völker mußte bei der Bekehrung ganzer Heidenstämme sich damit begnügen, daß das rohe Volk, welches sich gewöhnlich hierin nur seinen Fürsten und Herrschern anschloß, den falschen Göttern entsagte und im Allgemeinen den Glauben annahm und bekannte, den die christliche Kirche lehrt, und daß sie die Haupt- und Grundlehren derselben wußten; im übrigen mußte man größtentheils mit der fides implicita zufrieden sein, und erst nach und nach konnte der Unterricht weiter ausgedehnt werden. Daher ist es begreiflich, wenn es unter dem Volke noch Jahrhunderte manchen heidnischen Aberglauben gab, weil die davon Befangenen aus Unwissenheit das Reinchristliche von demselben nicht zu unterscheiden vermochten, besonders im Bezuge auf die Geisterwelt. Daher vererbte sich auch mancher heidnische Gebrauch von Geschlecht zu Geschlechte, ohne daß man ihn mehr für heidnisch hielt, indem man die ursprüngliche Bedeutung desselben nicht mehr wußte; weßwegen selbst die Kirche ihn als bloßen alten Volksgebrauch entweder einfach duldete, oder wohl gar sich desselben zu christlichem Zwecke bemächtigte, indem sie ihm einen christlichen Sinn unterschob, und an die Stelle heidnischer Gottheiten und Mythen analoge christliche Gegenstände und Ideen setzte. So unterstellte sie z. B. dem Woban den h. Erzengel Michael oder heilige Ritter und Kriegshelden, wie St. Oswald, St. Moritz und die letzten jungen Blutzeugen Johann und Paul oder die sogenannten Wetterherrn (Wetterheiligen). Ebenso entzog die Kirche die ehemals vom Volke zum Götzendienste mißbrauchten Gegenstände in der Natur dem heidnischen Aberglauben dadurch, daß sie dieselben weihete und segnete und als Symbole christlicher Geheimnisse und göttlicher Gnadenerweisungen heiligte; daher die Segnung und Weihe des Feuers als Sinnbildes des h. Geistes und höherer Geistesgaben; daher die Segnung und Weihe des Wassers als Symboles der Reinigung von der Sünde, beßgleichen der Kräuter,[1] welche theils den göttlichen Schutz vor Krankheiten, wie auch vor Blitz und Hagelschlag u. dergl., theils den Wohlgeruch christlicher Frömmigkeit an den Heiligen, besonders der seligsten Jungfrau, der zu Ehren (am Feste ihrer Himmelfahrt oder Geburt) sie vorzüglich geweiht werden, sinnbilden sollen. An manchem Platze, wo ehedem eine Zauberlinde oder irgend ein den Göttern heiliger Baum gestanden, pflanzte man ein großes hölzernes Kreuz auf, dessen mystische Kraft die Macht der Hölle überwindet u. s. w...."

Nicht so weit, als Herr Pfarrer Joseph Thaler wollen wir, in Erläuterung der St. Adelphi-Legende bringen, dieselbe nun aber dem Leser nicht länger vorenthalten.

II.

Die Volks-Legende.

St. Adelphus soll, nach der Volkssage, ehe er den Bischofsstuhl in Metz bestiegen, Pfarrherr in dem freundlich gelegenen Neuweiler, im jetzigen Kreis Zabern, gewesen sein,

---

[1] Ueber diese Weihe s. einen höchst interessanten Aufsatz in demselben Hefte der angeführten Zeitschrift, S. 323—335, von Dr. Ignaz Zingerle, Professor und Bibliothekar in Insprucк.

und diese Gemeinde stets in liebevollem Andenken bewahrt haben.

Als er sich dem Tode nahe fühlte, befahl er seinen Leichnam auf einen Esel zu laden und ihn in der zunächst gelegenen Ortschaft zu begraben, wo der Esel stehen bleiben würde.

Dem Wunsche des frommen Bischofs gemäß, lud man also seinen Leichnam auf einen Esel, der damit ununterbrochenen Ganges, von Metz aus, dem Wasgau zuschritt.

Ein Theil der Gläubigen folgte mit Kreuz und Fahnen, inbrünstig betend, und begierig zu wissen, wo sie einst das Grab des geliebten Oberhirten aufzusuchen hätten.

Unermüdlich schritt das Eselein vorwärts. Als es nun über den nördlich von Neuweiler gelegenen Bruberberg herab kam, fingen die Glocken plötzlich von selbst zu läuten, und Alles im Dorfe ward dadurch in Erstaunen gesetzt, lief hinaus und kam bald dem merkwürdigen Zuge entgegen.

Das Eselein aber blieb auf einer, etwa zwanzig Minuten nördlich von Neuweiler liegenden Wiese stehn, scharrte den Boden auf mit dem Fuße, und siehe eine frische Quelle sprudelte aus der Erde empor und ergoß sich murmelnd über das blühende Gras.

Noch ist dieselbe unter dem Namen des Adelphi-Brünnleins bekannt, dessen Wasser den im Felde Arbeitenden Erquickung bringt und unversiegbar ist, wenn, in der Sommerhitze, alle umliegenden Brunnen ausgetrocknet sind.

Der die Quelle früher umfassende Stein hatte die Gestalt eines Eselshufes; jetzt ist derselbe rund ausgehauen; ein kleinerer Stein, der im Becken eingefügt, zeigt noch einen Eselshuf.

Also wurde mir die Volkslegende zur Zeit von einem Freunde aus Neuweiler erzählt.

III.

Historische Notiz.

St. Adelphus, dessen Fest den 1. September in der Kirche von Straßburg begangen wird,[1] gehört dem Anfange des 5. Jahrhunderts an. Er war, im Metzer Bisthume, der Nachfolger des h. Rufus.

Etwas abweichend von der oben erzählten Volkssage, theilt der gelehrte Hr. Abbé Straub, Professor am kleinen Seminar in Straßburg, die Uebertragung der Reliquien des heil. Adelphus folgendermaßen mit:

„Nach den alten Ueberlieferungen hatte die Abtei St. Peter und St. Paul, in Neuweiler, als ersten Abt den h. Pirmin, dem man auch die Stiftung oder vielmehr die Wiederherstellung der Klöster Schutteren, Gengenbach, Schwarzach, Murbach und Mauersmünster[2] zuschreibt. Kaum hatte die junge Genossenschaft den Boden ausgereutet und angepflanzt, so verheerte eine Feuersbrunst im Jahre 720, die von Sigbald, Bischof von Metz, erbaute Kirche von Neuweiler, die Abteikirche von St. Peter und St. Paul.

„Die Wiedererbauung derselben, geschah, nach den Urkunden, durch Drogo, Bischof von Metz, einem Nachkommen Karls des Großen.... Im Jahr 826 befahl er seinem Suffraganten Lantfrit die Reliquien des h. Adelphus, eines seiner berühmtesten Vorgänger ins Elsaß zu bringen, und vertraute diesen kostbaren Schatz den Mönchen von Neuweiler an. Die Ankunft derselben auf dem Eigenthum der Abtei, ward alsbald durch

---

[1] In frühern Zeiten den 29. August. *Grandidier*, Essai sur la cathédrale de Strasbourg, p. 74. vgl. Berler, Chron. im Code diplom. I, 119. — St. Adelphus ist auch der Patron von Kingersheim.

[2] Die drei ersten im Badischen, die beiden letzten im Elsaß gelegen.

Erstaunen erregende Wunder dargethan. Die Legende sagt, daß am Orte wo der Leib des Heiligen zum ersten Male geruht, eine Quelle entsprungen sei und zahlreiche Genesungen bewirkt habe. Als jene Quelle bezeichnet die mündliche Ueberlieferung die, welche bei der Bitscher Straße, etwa einen Kilometer von Neuweiler entfernt, im Munde des Volkes noch jetzt den Namen „Abelphus-Brünnel" führt.[1]

IV.

Erläuternde und vergleichende Anmerkungen.

Nachdem der Geschichte ihr Recht widerfahren, sei es vergönnt einige Züge der Volkslegende näher zu betrachten.

Die wahre Begebenheit erlosch, wie dies so häufig der Fall, nach und nach im Gedächtnisse der verschiedenen Geschlechter, die auf einander folgten. Die einfache Thatsache wurde, indem sie mündlich fortgepflanzt, getrübt, um wieder durch den regsamen, tiefpoetischen Sinn des Volkes als Sage aufzutauchen.

Sobald diese Umwandlung geschieht, mischt sich unbewußt, unwillkürlich und harmlos, altheidnisches Element, das bis auf unsere Zeit sich herabzieht, zu christlicher Auffassung, sich mit ihr verschmelzend und eine der eigenthümlichsten Arten der Volkssage bildend.

In unserer St. Abelphi-Legende erscheinen drei Hauptzüge, welche verdienen näher betrachtet zu werden: 1. Das weisende Thier, der Esel; 2. die durch seinen Hufschlag entspringende Quelle; 3. das Selbstläuten der Glocken.

---

[1] S. Revue cathol. d'Alsace, 1862, p. 410, 411. Es sind diesem Aufsatz die Abbildung von St. Abelphus Reliquiarium, eine Ansicht von Neuweiler und ein Grundriß der dortigen Abtei, vom Jahr 1765, beigegeben.

1. So wie St. Adelphus Leib einem Eselein aufgeladen ward, das durch sein erstes Anhalten die Stätte bezeichnete, wo der Heilige ruhen wollte,[1] so bezeichnen schon im heidnischen Alterthum gewisse Thiere von Göttern bestimmte Orte, wo wichtige Begebenheiten stattfinden sollen. Jacob Grimm nennt sie „weisende Thiere".

„Dem wandernden Heere pflegt ein göttlich gesandtes Thier den Weg und den Ort der Niederlassung anzuzeigen; Kolonien wurden nach dieser Anführung gegründet, Städte, Burgen, Kirchen gebaut; den Beginn neuer Stiftungen und Reiche heiligen Thiere, die, menschlichen Absichten fremd, höheren Rathschluß der Götter kund geben. Die griechische und römische Sage ist voll solcher Beispiele: Ein Rabe führt des Battus Ansiedelung nach Cyrene; die Irpiner heißen von irpus, dem Wolf, der sie leitete; Floki opferte um wegweisende Raben. Auch Hirsch und Hindin zeigen den Weg... Eine Hirschkuh zeigte den Franken die rettende Furt durch den Main".[2]

Treten wir aus der heidnischen Zeit in die christliche, so finden wir, in unserm Elsaß, die lieblichsten Volkssagen von weisenden Thieren:

Ein Graf, nach Andern, ein Herzog von Burgund, Namens Hugo, hatte im Jahr 803 von Karl dem Großen kostbare

---

[1] So wollte auch der h. Emeran, in Oberbaiern, da begraben werden, wo die beiden Ochsen, welche den mit dem Leichnam des Märtyrers beladenen Karren zogen, stehen bleiben würden. Panzer, Beitrag zur deutsch. Mythol. I, S. 220. — Als der h. Sebaldus auf dem Todesbette lag, da soll er befohlen haben, ihn nach seinem Tode auf einen Wagen zu legen, vier ungezähmte Ochsen davor zu spannen, und wo diese still stehen würden, den Körper zu begraben. Da nun die Ochsen zur St. Peterskapelle (in Nürnberg) gekommen, sind sie daselbst still gestanden, daher der Leichnam auch dahin bestattet worden. Schöppner, Sagenbuch d. baier. Lande, I, S. 132.

[2] Deutsche Mythologie, 3. Aufl. S. 1093 und 1094 vgl. Panzer, I, 220 und f.

Reliquien zum Geschenk erhalten und wollte dieselben hinwieder einer heiligen Stiftung zuwenden. Er ließ deßhalb ein mit silbervergoldeten Platten belegtes und reich verziertes Kreuz verfertigen, in welchem er die Heiligthümer verbarg. Sodann lud er dasselbe auf ein Kameel und befahl fünf von seinen angesehensten Rittern dem Thier freien Lauf zu lassen und ihm zu folgen. Es hielt zuerst in St. Nabor stille und man bezeichnete den Ort durch eine Kapelle. Sodann stieg es das Thal aufwärts und gelangte nach Niedermünster, welches somit in den Besitz der Reliquien kam, unter welchen sich sogar die alte Krone der allemanischen Könige befunden haben soll.

Die in wildester Waldeinsamkeit gelegene Stelle, wo die h. Richardis die Abtei Andlau aufbauen ließ, war durch eine Bärin mit ihren Jungen bezeichnet. Bienen zeigten den Ort an, wo sich später der berühmte Wallfahrtsort Drei-Aehren erhob. Ein Vogel wies dem Grafen Salen von Rosheim die Kapelle, an deren Stätte er die schöne Kirche zu Ehren St. Peters und St. Pauls errichten lassen sollte. Wilde Tauben deuteten, im Walde bei Plobsheim, die Gnadenstelle an, wo noch jetzt die Kapelle Maria zur Eiche steht. Eine Kuh fand die heilsame Quelle des besuchten Bades Sulzbach.

Noch soll hier einer Volkslegende umständlicher erwähnt werden; sie bezieht sich auf die Abtei Mauersmünster und hat mit der vom Adelphi-Brünnlein einen Hauptzug gemein. Um der 590 vom h. Leobardus gestifteten Abtei ein Zeichen besondern Wohlwollens zu geben, schenkte Bischof Drogo von Metz, Ludwigs des Frommen natürlicher Bruder, derselben im Jahre 830, die Reliquien der Heiligen Celestus und Autor. Dieselben waren ursprünglich dem Straßburger Münster bestimmt gewesen, und Bischof Drogo, mit seiner Geistlichkeit und dem Abt Celsus von Mauersmünster, gab ihnen das Geleite über die Zaberner Steige ins Elsaß. Als jedoch die mit Ochsen bespannten Wagen auf welchen die Reliquien der Heiligen ruhten, am Fuße des Koppberges, unweit Mauersmünster, angelangt waren, blieben sie stehn und waren durch nichts zum Weitergehn zu bewegen. Abt Celsus hatte darauf den Gedanken den Ochsen ihren freien Lauf zu lassen. Sie kehren wieder eine Strecke weit zurück; da blieben sie unbeweglich stehn. Auf das Scharren des einen mit dem Fuße, sprudelte ein reicher Brunnquell aus dem Boden, der heilkräftig ist und in Mauersmünster und der Umgegend unter dem Namen Altersbrunn oder Autorsbrünnlein bekannt und besucht wird.[1]

Wer mit der Sagenkunde Deutschlands bekannt ist, wird zahlreiche Beispiele ähnlicher Art gefunden haben.

2. Auch das Anschlagen des Hufes, durch welches das Eselein das Hervorsprudeln einer Quelle bewirkt, kömmt häufig in Sagen vor und hat weit in die Jahrhunderte hinaufreichende Anspinnungsfäden.

Zuerst waren es die Götter — um nur auf germanischem Boden zu bleiben — Odin, Balder — sodann ihnen geweihte Thiere, vor allen das Pferd, dessen Hufschlag sprudelnde Quellen aus der Erde stampfte. In seinen Niederländischen Sagen, Nummer 19, erzählt der regsame zu frühe verstorbene J. Wolf:

„Als die Friesen an dem Orte, wo Bonifaz einst die Marterkrone errungen, einen Hügel aufwarfen gegen die anbringende Meeresflut, wollten sie auch daselbst eine Kirche und ein Kloster bauen; jedoch fanden sie, daß in der ganzen Umgegend keine Quelle süßen Wassers war, dessen die Bewohner

---

[1] Diese Volkslegende habe ich bereits im Elsässischen Samstagsblatt v. 1864, S. 154 mitgetheilt. — Näheres darüber findet der Leser in einer größern Arbeit «l'Abbaye de Marmoutier von F. Sigrist, Revue catholique d'Alsace, 1882, p. 404 u. f.

des Klosters doch bedurft hätten. Abbo, der Befehlshaber des Landes, den König Pipin dahin gesandt, nahm, als er dieß erfuhr, sogleich einige seiner Gefährten zu sich, und ritt an die Baustelle und um den Hügel, der schon vollendet war, herum, eine Quelle zu suchen. Schon hatten sie lange vergeblich sich bemüht, da sank das Pferd eines sie geleitenden Knaben mit dem Vorderfuße in die Erde. Schnell stürzen die andern zur Hülfe herbei, und kaum war des Rosses Fuß aus dem Boden herausgezogen, als ein Strahl klaren Wassers nachschoß, der so reichlich quoll daß er wenige Augenblicke nachher schon einen Bach bildete. Alle kosteten und erkannten, daß es süßes Wasser war, und priesen Gott für das Wunder, welches er gethan."

J. Grimm erzählt von Karl dem Großen:

„Er war mit seinem Heer in die Gebirge der Gudensberger Landschaft gerückt... Die Krieger schmachteten vor Durst; der König saß auf seinem schneeweißen Schimmel. Da trat das Pferd mit dem Huf auf den Boden und schlug einen Stein aus dem Felsen; aus der Oeffnung sprudelte die Quelle mächtig; das ganze Heer wurde getränkt. Diese Quelle heißt Glisborn, ihrer kühlen, klaren Flut mißt das Landvolk größere Reinigungskraft bei als gewöhnlichem Wasser, und aus umliegenden Dörfern gehen die Weiber dahin ihr Leinen zu waschen. Der Stein mit dem Huftritt, in die Gudensberger Kirchhofmauer eingesetzt, ist noch heute zu sehen."[1]

Nicht dem Hufschlage eines Pferdes, aber demjenigen eines Maulthieres, entsprang ein reichlich fließender Brunnen, der zur Gründung des Klosters Maulbronn, im Würtenbergischen, Anlaß gab.

So war es der Hufschlag eines Esels, der durch Auf-

---

[1] Deutsche Mythologie, 3. Aufl. S. 890.

findung eines Brunnens Frau Uta von Schauenburg, zur Gründung des Klosters Allerheiligen, im Schwarzwald, bewog.[1]

Das Pferd ist schon in hellenischen Mythus ein Symbol des Wassers und erscheint im altnordischen und germanischen oft als ein solches.

Hippokrene heißt zu deutsch Marbach und Roßbach. Die dem edeln Rosse zugeschriebenen Kräfte und Wunderzeichen schlagen sich nach und nach nieder und erben sich auf Maulthiere und Esel fort. Das edle Thier hat sich übrigens nicht mehr darüber zu beklagen als die gallischen Druidinnen und die germanischen weisen Frauen, die der Volksglaube in Hexen aufgelöst hat; nicht weniger als die alten Gottheiten selbst, die nachgerade in Teufelsmasken verwandelt wurden.

3. Ein dritter Zug in der Volkslegende vom h. Abelphus bleibt noch schließlich zu besprechen, nämlich das Selbstläuten der Glocken beim Herannahen der Reliquien gen Neuweiler, wo dieselben fortan aufbewahrt werden sollten.

Dieses Selbstläuten der Glocken erscheint in vielen deutschen Sagen, so in Panzers Beitrag zur deutschen Mythologie, Bd. II., S. 417.[2] Oft sind es Kinder oder Jungfrauen welche dasselbe vernehmen, ihm nachgehen und in wundersame Begegnisse gerathen: „Drei Jungfrauen verirrten sich im großen Walde bei Langenaltheim, in Baiern. Die älteste hörte das Läuten eines Glöckchens; sie gingen dem Schalle nach und kamen zu einem großen Birnbaum voll der schönsten reifen Früchte, unter welchem eine klare Quelle sprudelte. Aus Dankbarkeit bauten sie hier eine Kirche und stifteten eine Glocke...

---

[1] A. Schnezler, Badisches Sagenbuch, II, 44.
[2] Auch noch an mehreren andern Stellen beider Bände; in Wolfs Beitr. zur deutschen Myth. I und II; in B. Baabers Sagen aus Baben; in Gräße's Sächsischem Sagenschatze u. A.

Nächtlichem Glockenton folgen drei Jungfrauen, welche sich im Walde Hahn bei Hahnbühl verirrten; sie stifteten eine silberne Glocke."

Eine elsässische Legende berichtet: Eines Tages fand eine alte Bäurin beim Marienbrünnlein auf dem Liebfrauen-berg[1] das wunderthätige Madonnenbild, das im 16. Jahrhundert von den Flammen unversehrt geblieben war. Sie hob es auf und beschloß es in die benachbarte Abtei Surburg zu tragen. Allein, obgleich das fromme Weiblein den Weg dahin vollkommen wußte, verirrte es sich und kam, wider Wissen und Willen, vor die Pforte des Benediktinerinnen-Klosters **Biblisheim**. Alsogleich fingen die Glocken an von selbst zu läuten. Die frommen Schwestern empfiengen das theure Bild mit großer Freude und blieben bis 1717 in dessen Besitze. Später kam es wieder auf den Liebfrauenberg und zuletzt in die Kirche von Görsdorf, wo es sich noch jetzt befindet.[2]

Das Selbstläuten der Glocken, bei gewissen feierlichen Gelegenheiten, ist übrigens nicht deren einzige wundervolle Kundgebung.

Die Volkssage weiß von Glocken die sich die Stätte, wo sie bleiben wollen, selbst auswählen, und, entfernt man sie davon, wieder dahin zurückkehren:

„Die Roßheimer haben eine sehr alte Glocke, welche Susanne heißt und einmal fortgebracht werden sollte. Man lud sie auf einen mit mehreren starken Pferden bespannten Wagen. Je näher man aber der Bannscheide kam, um so schwerer wurde die Last der Glocke, und als zuletzt der Wagen am Marksteine anlangte, brachten ihn die Thiere, trotz der mühseligsten Anstrengung, keinen Schritt weiter. Endlich spannte

---

[1] Bei Görsdorf im Unter-Elsaß.
[2] Vgl. Vicomte *Th. de Bussière*, Culte et pèlerinage de la Très-Sainte Vierge en Alsace. Paris 1862, p. 87, 88.

man sie aus, und da man bereits eine hemmende Wundermacht
vermuthete, ersetzte man die Pferde durch Ochsen, welche, als
verschnittene Thiere, als reiner angesehen werden. Jedoch auch
diese machten vergebliche Versuche. Da ließ sich aber mit einmal
die Glocke in folgenden Worten vernehmen:

"Ich heiß Susann'
Un geh' nit üs 'm Rosemer Bann."

Und alsobald schwebte sie vom Wagen empor und kehrte
nach Roßheim an ihre frühere Stelle zurück, wo sie sich noch
jetzt befindet."[1]

Redende Glocken führen außerdem noch A. Kuhn, Panzer,
Wolf, A. Schöppner u. A. in ihren Sagensammlungen an.

Daß sie Gewitter brechen, wenn sie geläutet werden;[2]
der wilden Jagd und namentlich den Hexen, die sie "bellende
Hunde"[3] nennen, widerlich sind, weil sie ihren Zauber brechen,
ist allbekannt.

Lieblich lauten die Sagen, welche von Glocken künden, die
in Sümpfen, Weihern,[4] Flüssen oder auch in Brunnen und
Wiesen versenkt sind. Zu gewissen Zeiten erheben sich manche
von ihnen aus der Tiefe, verbreiten einen ungewöhnlich hellen
Goldschein ringsumher, schlagen dreimal an und sinken wieder
in den Grund zurück. Zwischen Brubach und Flachslanden stand

---

[1] G. Mühl, in der Alsatia 1854—55, S. 212.

[2] Das Leuten bei Herannahen oder während eines Gewitters ist in
unsern Zeiten mit Recht überall abgeschafft worden; ich war daher nicht
wenig erstaunt, als ich, vorigen Ostermontag (der hier wiedergegebene
Aufsatz erschien in Nr. 20 des Elsässischen Samstagsblattes vom 16. Mai
1863. Danach ist obiges Datum zu berichtigen), aus dem Munde des
Sakristan-Dienste versehenden Wächters Ballay der auf einer Anhöhe
gelegenen Wallfahrtskirche Notre-Dame de Ronchamp vernahm, daß
dieser Gebrauch hier noch stattfinde und daß, so sehr sich auch der Orts-
pfarrer dagegen auflehne, die Leute auf der Ausübung desselben beharren.

[3] Meine "Sagen aus dem Elsaß", S. 272.

[4] Glockenweiher, Glockenteiche gibt es viele in Deutschland.

das Dörfchen Walbbachsweiler, welches die Schweden zerstört haben. Der einzige Ueberrest vom Orte ist der Glockenbrunnen, der mitten im Felde liegt. Gerade dort befand sich einst die Kirche. Als die Schweden sich näherten, vergrub man die Glocke bei dem Brunnen. Alle sieben Jahre nun, hebt sich der Grund, im Frühling, wenn alles grünt und blüht; die Glocke schwebt über der Erde hin, wirft ringsum einen lichten Schein, klingt an wie zum Angelus und versinkt wieder in den Boden.[1]

Im Walde Roßburn, bei Fülleren (Bez. Mülhausen, Kanton Hirsingen) befinden sich die Trümmer einer alten Kapelle, dabei steht ein Kreuz, auf dessen Fußgestell ein Hufeisen eingegraben; in einiger Entfernung davon ist ein Brunnen aus dessen Grund oft Glockenklang emportönt.[2]

Manche im Boden versunkene Glocken wurden von Thieren aufgewühlt, die höherm Willen folgten; besonders von Schweinen. Das Läuten einer solchen, in Oberfranken, wird von den Umwohnern also gedeutet und der Glocke selbst in den Mund gelegt

„Die Sau hat mit 'm Fuß g'schlagen,
Der Hirt hat mich 'raus graben,
Der Esel hat mich her tragen."[3]

Ein Stier entdeckte auf einer Wiese bei Leberau, im Leberthale, indem er die Erde mit den Hörnern aufwarf, die große Klosterglocke, welche seit dem dreißigjährigen Kriege dort versenkt war.

Aus vielen der oben angeführten Zügen geht hervor daß das Volk, in seinem naiven Glauben in den Glocken beinahe

---

[1] Mündlich aus Brubach. — Vgl. Aehnliches in Wolfs Beitr. zur deutsch. Myth. II, 296: ebendas. I, 195, wo von einer in einen Brunnen versenkten Glocke die Rede, die in der Christnacht läutet.

[2] Schriftliche Mittheilungen der Ortsbehörde, Juli 1859.

[3] Panzer, II, 418.

wirkliche Personen sieht, ihnen gewissermaßen eine Seele verleiht, ein Wollen und eingreifendes Handeln: tragen sie doch Namen, auf welche sie getauft sind, und haben, wie andere Christenkinder, Pathen und Pathinen.

Die Reise der Glocken nach Rom, zwischen Gründonnerstag Abend und Ostersonntag Morgens, ist nicht nur bei den Kindern, sondern auch bei manchen älteren Personen kindlicher Glaube. Der alte selige Hans-Abe von Oberbronn, z. B. ließ sich die Sache durchaus nicht nehmen.

Den mythischen Ursprung und Bedeut der Glocken,[1] den J. Grimm, Wolf, Panzer u. A. oft auf merkwürdige Art berühren, kann ich hier füglich übergehen.

Ich glaube das Selbstläuten der Glocken in der St. Adelphussage, aus den oben angeführten Vorstellungen die sich das Volk von dem Wesen der Glocken macht, begnügend erörtert zu haben. Dieses Läuten ist, so wie die beiden andern früher entwickelten Bezüge, voll poetischer Momente und die nähere Erkundigung ihres Ursprungs thut, meines Erachtens, dem tiefen Gehalt der schönen Volkssage keinen Eintrag. Dem munter dahinfließenden Bache, dem majestätischen Flusse, wird nichts von ihrem Werthe genommen, wenn man aufwärts zu ihrer Quelle steigt und das Gestein sich besieht aus dem das klare, Goldkörner führende Wasser hervorbricht.

Lassen wir immerhin dem Volke die reinen, innigen Genüsse an seinen Sagen und Legenden, verkümmern wir ihm nicht dieses heilige Erbtheil der Väter, diese urwüchsige Naturpoesie. Erfreuen wir uns doch selbst daran! Der Wissenschaft aber muß — wiederholen wir es schließlich — unverkümmert die Frage an die Ueberlieferung frei stehen: Dic cur hic?

---

[1] Anspielungen auf die griechische Demeter und die mittelalterlichen Wassernixen u. A.

Die Legende von St. Gangolf,

nebst Bemerkungen
über die darin vorkommende Wasserprobe.

Die burgundische Legende von St. Gangolf hat sich auch im Elsasse eingebürgert. Eine dem Heiligen geweihte Wallfahrtskapelle liegt zwischen Bühl im Gebweiler Thale und dem Schäferthale. Die Sage lautet wie folgt[1]:

„Bevor des biberben Gangolfs Haupt der Heiligenschein umschimmerte, war er ein tapferer Rittersmann.

Er zog eines Tages dahin, thatendurstig, die Ungläubigen zu bekämpfen, und sprach zu seiner Frauen: „Ich ziehe aus mit Gott und für Gott; bleib mir getreu; bald, hoff' ich, kehr' ich wieder!"

„Bei seiner Wiederkehr stieß er auf einen Bauersmann, der am Rand einer Quelle von seiner Arbeit ausruhte.

„Gib mir deine Quelle, sagte er zu diesem, ich will sie dir mit gutem Silber vergüten.

— „Die Quelle? rief der Bauer erstaunt, — wenn Ihr sie mitnehmen könnt, Herr Ritter, so sei's drum!

Mit Gott! antwortete dieser, zog den Seckel und ließ blanke Silberstücke in des Staunenden Hände klingen; steckte sodann seinen Stab ins Wasser, das von jenem aufgesogen wurde, und zog von bannen.

„Kaum war er in seinem Schlosse angelangt, so rief er seiner Gattin ein fröhlich Willkommen zu und bat sie, ihn in den Garten zu begleiten.

---
[1] Vgl. Stöber's Alsatia, Band 1858—1861, S. 258 u. 259.

„Daselbst stieß er seinen Stab in die Erde, und aus demselben ergoß sich eine reiche Wasserfülle, die sprudelte, schäumte und setzte sich endlich klar und hell in einem Becken.

„Du warst mir wohl treu, meine Holde, sprach Ritter Gangolf, tauche also deine Hand in diese Flut und bringst du sie heraus, rein und weiß, so bist du ein Engel des Lichts, wo nicht, so bist du ein Engel der Finsterniß.

„Nach langem Streben, tauchte die Edelfrau ihre Hand in den Quell; doch siehe, sie war mit schwarzem Schlamme über und über bedeckt.

„Meines Bleibens ist nicht mehr hier! rief Gangolf mit düsterm Blicke. Hierauf stieß er den Stab wieder in die Quelle; der sog sie auf, daß kein Tröpfchen übrig blieb.

Gangolf wanderte aber in die Ferne, über Berg und Thal, bis er auf eine frische Wiesentrift kam, voll würziger Gräser und Kräuter, von grünen Wäldern umschlossen, im Lande Elsaß.

„Da ließ er von Neuem die Flut aus dem wunderbaren Stabe quellen; und sie ergoß sich weithin. Er machte sich dabei eine Zelle; that Wunder und erbaute durch seine Frömmigkeit die vielen Pilgrimme, die von nah und fern zu ihm strömten."

Die Legende von St. Gangolf war auch dem launigen Pater und Frater Johann Pauli bekannt, der, wie es in der Vorrede zu seiner im J. 1519 zuerst herausgekommenen Anekboten-Sammlung „Schimpf und Ernst" heißt, „Leßmeister zuo Tann in dem Barfüsser Closter (gewesen) in welchem Closter er bey vierßig jarenn daselbst geprediget."

In der Folioausgabe, die ich von diesem immer seltener werdenden Buch besitze, steht die Erzählung S. XLIII. Die Jahreszahl (die wohl in die dreißiger Jahre des 16. Jahrhunderts fällt) und den Druckort, (wahrscheinlich Augsburg) kann ich leider nicht angeben, da das letzte Blatt, das dieselben gewöhnlich enthält, ausgerissen ist. In einer Frankfurter Oktav-Ausgabe vom J. 1567, die ebenfalls vor mir liegt, steht sie S. 167. In beiden Ausgaben ist sie, abgesehen von der Wortschreibung, durchaus gleichlautend; die ältere gibt sie folgender Weise:

„Von Schimpff excij. — Sanct Gangolff ist ein graff gewesen, den ecret man in obern Burgund, dann er waz ein Freund Gottes, der het ein frawen, die hett den caplan lieber dann in. Der herr straft die frawen offt vnd sprach, sie wer ein ehebrecherin. Die fraw versprach sich, dann sie wollt allwegen vnschuldig sein.

„Sye giengen uff ein mal in einen garten, da was ein brunnen in, der was nit tieff, der qual auff, vnnd sie sassen also bey dem brunnen.

„Der Herr Gangolff sprache, Fraw, dürffen jr mir daz rot steinlin bieten, daz da in dem brunnen ligt, ich traw Got der herr werd ewer vnschuldt vnd schuld offenbaren?

„Die fraw sprach, ja solt ich es euch nit dörffen langen, vnd streiffet den ermel hinder sich, vnd erwüschet das steinlin, vnd so sie den arm wil herauß ziehen, so bleibt die handt in dem brunnen ligen, vnd zeucht den stumpf herauß. Da erkant man jr schuld deß eebruchs.

„Nit lang darnach schluge der buol jhren herren zuo todt.

„Sanct Gangolff fieng an große zeichen zethuon, vnd wann ein zeichen geschahe, so leutet man alle glocken...."

Wie durch Vergleichung beider Abfassungen ersichtlich, bieten dieselben einige wesentliche Varianten dar. Während in derjenigen Pauli's der h. Gangolf durch seinen Nebenbuhler ermordet wird, zieht er, nach der neuern Erzählung die noch im Volke lebt, außer Land und läßt sich in einem frischen Wiesenthale unsrer Vogesen nieder. Auch die Art wie die Treuprobe vorgenommen wird, ist auf zwei sehr verschiedene Arten dargestellt. Und nun kommt noch eine dritte hinzu, die Jacob Grimm, in den deutschen Rechtsalterthümern (2. Ausg. S. 921 und 922), aus dem lateinischen Gedichte der Roswitha, „de Gangolfo"[1] mittheilt. Gangolf gebietet hier seinem Weibe die rechte Hand in kaltes Quellwasser zu stecken; sie thut es, und bringt jene verbrannt zur kalten Fluth heraus.

Bevor ich näher von dem Punkte spreche, in welchem diese drei Versionen mit einander übereinstimmen, muß ich hier einer andern ebenfalls elsässischen Sage gedenken, die sich auf das im Kastenwald, beï Widsolen, gelegene Bruderhäuschen bezieht, einem zur Zeit in jener Gegend berühmten Wallfahrtsorte. Ich habe sie S. 209, im Jahrgang 1854—1855 der Alsatia veröffentlicht,[2] und will sie, da sie in Kürze abgefaßt, hier wiederholen:

„Ein Graf, dessen Geschlecht unbekannt, glaubte an der Treue seiner Ehefrau zweifeln zu müssen. Er führte dieselbe einst an eine Stelle des Kastenwaldes, und wollte durch ein Zeichen des Himmels, ihre Gesinnungen gegen ihn erkennen. „Ist das Schwert, sagte er, das ich hier in den Boden stoße, mit Erde bedeckt, wenn ich es herausziehe, so ist mir deine Treue bewährt; ist es aber feucht, so bist du schuldig." Und als er das Schwert in den Grund gestoßen, floß alsbald eine Quelle daraus empor. Da erkannte der Graf die Falschheit seiner Gattin, verließ sie und zog in ein fremdes Land."

An diesem Orte bauten Kapuziner später eine Kapelle und eine Wohnstätte, das Bruderhäuschen genannt. Die Quelle gilt noch jetzt als Heilbrunn für Hautkrankheiten.

Ich will nicht näher darauf eingehen, ob diese letztere Sage unabhängig von der St. Gangolfs-Legende ist oder nur eine

---

[1] Roswithæ opera, ed. Schurzfleisch, p. 11, 115.

[2] Ebendaselbst findet man auch eine andere Sage in Beziehung auf die Entstehung des Bruderhäuschens.

abgeschwächte, veränderte Erinnerung an dieselbe; hervorheben will ich aber, daß das Hauptmoment hier, so wie in den drei oben erwähnten Auffassungen der St. Gangolfs-Legende dasselbe ist, nämlich, daß sich die göttliche Vergeltung des Wassers bedient um über Treue oder Untreue des Weibes zu entscheiden; daß dabei die Wasserprobe, jene im Mittelalter so oft vorkommende gerichtliche Handlung, hier von dem argwöhnischen Gatten befohlen wird.

Dem Wasser wird schon im fernsten Alterthume eine göttliche, alles Unreine hassende und strafende Kraft zugeschrieben. Bekannt ist es, daß die an den Ufern des Rheines wohnenden Gallier, die neugebornen Kinder auf ihren Schild legten und in den Fluß warfen, der über derselben rechtmäßige Geburt zu entscheiden hatte.

Daß auch die Germanen das Wasser der Flüsse und Quellen, und unter diesen vorzüglich die Salzquellen göttlich verehrten, sagt Tacitus. Noch in späteren Zeiten wurden an gewissen Naturfesten Feuer an den Ufern angezündet und Opfer in die Flüsse geworfen. Der Gebrauch des „heilbringenden" Badens im Rheine, während der Johannisnacht, zieht sich durch das ganze Mittelalter hindurch. Petrarcha gedenkt dessen in einem seiner Briefe; er war davon Augenzeuge, im J. 1333, als er eben in Köln weilte. Daß am Johannistage das Wasser sein Opfer verlange, ist noch jetzt allverbreiteter Volksaberglaube.

Mehr unserm Gegenstande sich zuneigend und das göttliche Element des Wassers als Prüfer des reinen Sinnes darstellend, ist folgende indische Legende: Die heilige und schöne Gattin eines Braminen kam jeden Morgen an das Ufer des Stromes Ganges um daselbst Wasser zu schöpfen. Sie bediente sich jedoch dazu keines Gefäßes; denn, in ihren reinen gottgeweihten Händen ballte sich das Wasser zu einer flüssigen Krystallkugel, die sie, ohne einen Tropfen zu verlieren, in ihre Hütte brachte. Sobald aber in ihrem Herzen der mindeste unlautere Gedanken aufstieg und die Harmonie ihrer Seele störte, zerrann das Wasser in ihren Händen.

Zwei schöne christliche Volkslegenden, die von demselben Grundgedanken getragen werden, reihen sich hier natürlich an. Ich will sie, statt mancher anderer die ich in meinen Sammlungen habe und zum Beleg und zur Vergleichung beibringen könnte, noch schließlich in Kürze mittheilen:

Ritza, die heilige Tochter Ludwigs des Schwachmüthigen, besaß die Kraft ohne unterzusinken auf den Wogen des Rheins zu wandeln. Auf ihren Stab gestützt, schritt sie jeden Morgen über den Fluß um ihre Andacht in der am entgegengesetzten Ufer gelegenen St. Kastor-Kirche zu verrichten. Sie besaß diese Wundergabe so lange ihr Herz lauter und ihr Glaube ohne Wank verblieb; stiegen aber weltliche Gedanken oder Zweifel in ihrer Seele auf, so weigerten sich die Fluthen des Stromes ihr zu gehorsamen.[1]

Jenseits der Vogesen, im sogenannten deutschen Lothringen, lebte im Benedikterinnen-Kloster, zu Herbitzheim, eine fromme Aebtissin, die ebenfalls die Gabe hatte über die Saar zu schreiten um den auf dem andern Ufer im Weiler Miechlingen wohnenden Armen und Kranken den Trost der Religion zu bringen. Einst aber, sagt die Volkslegende, erlaubte sie sich eine Ungerechtigkeit gegen eine Nonne und seit jener Zeit war die Wunderkraft für sie verloren. Zur Büßung dieses Vergehens soll sie die schöne steinerne Brücke, mit sechzehn Bogen erbaut haben, die noch jetzt beide genannte Ortschaften miteinander verbindet.

Also auch in diesen beiden Legenden tritt das Element des Wassers als Unlauterkeit strafend auf.

---

[1] Simrock, in den Rheinsagen und im romantischen Rheinlande.

Vierte Abtheilung.

Zur Rechtssymbolik.

Gerichts- und Strafverfahren.

Der rothe Thurm

und

das Rechtssymbol des Seidenfadens

im Basler Bischofs- und Dienstmannenrecht.

An der Stelle der jetzigen Münsterkirche von Basel, erhob sich in frühern Zeiten die Burg, auf welcher der Bischof, als Fürst und Herr der Stadt, seinen Hof hielt. Ursprünglich war sie, ein eigentliches Castrum, mit Mauern umgeben und ihre Zugänge durch Thore und feste Thürme bewahrt.[1]

Unter diesen Thürmen hatte der sogenannte rothe Thurm, beim St. Ulrich-Kirchlein, am Wege nach St. Alban, außer dem Zwecke der Befestigung auch noch den als Gefängniß zu dienen.

Solcher rothen Thürme gab es auch in andern Städten, so in Colmar;[2] von demselben nannte sich „das Haus zum rothen Thurm auf dem Kilchhof bei des Dechans Hof" (J. 1362, 1399 und 1407).[3]

---

[1] S. Dr. D. A. Fechter, Topographie von Basel, in „Basel im 14. Jahrh." 1856, S. 4 u. f. — W. Wackernagel, das Bischofs- und Dienstmannenrecht von Basel im 13. Jahrh. 1852, 4° S. 38 u. f.

[2] J. J. Rapp, Belagerung der h. Reichsstadt Colmar, 1632. (herausgegeben von J. Liblin, 1857.) S. 22.

[3] (*J. Liblin*) Les enseignes de Colmar au moyen âge, 1858 S. 9.

Roth bezeichnete in der Rechtssymbolik **Blut und Blut-
gericht**. Wenn Richter und Schöffen ein Todesurtheil aus-
sprachen, so wurde die Bank auf welcher sie saßen, mit einem
rothen Tuche bedeckt. Von einem dem Hinrichtung drohte, sagte
man daher: er steht vor der **rothen Bank**."[1] Der den Spruch
vollziehende Henker war oft von Kopf zu Fuß in die Blutfarbe
gekleidet. So erscheint er mehrmals auf den aus der altdeutschen
Schule stammenden Oelgemälden, welche das Schöngauer'sche
Museum in Colmar besitzt. Bluturtheile wurden in **rothe
Bücher** eingeschrieben. Das Vehmgericht saß auf **rother
Erde**.

Der rothe Thurm in Basel[2] war jedoch, wie es scheint,
kein Kerker für zum Tode Verurtheilte; er diente als Gefängniß
worin Dienstleute des Bischofs gelegt wurden, die sich zu dessen
Feinden geschlagen und wider ihn und sein Gotteshaus gestritten
hatten. Vor des Gefangenen Thüre spannte nun der Schultheiß
einen **Seidenfaden**, den er mit Wachs befestigte. So berichtet
eine Stelle im Bischofs- und Dienstmannenrechte von Basel,
aus dem 13. Jahrhundert.[3] Diese Stelle, deren Erläuterung
wir sodann versuchen wollen, ist auch wegen einiger anderer
Rechtsgebräuche wichtig; sie soll daher im Originallaute mitgetheilt werden:

« Dis ist ouch der gotshus dienstmanne reht. Ein gotshus
dienstmann, swanne (wenn) er ze ritter werden wil, der sol vor-
deren an dem bischof stiure (steuern, beisteuern), unde ist er ime
schuldic vünf phunde ze gebende. unde swenne ein gotshus
dienstmann eins bischofs hulde verliusit (verliert), als ob er wider

---

[1] *Scherz*, Glossar. fol. 1322.
[2] Ein **rothes Thürmlein** stand auch an einem andern Zugange zu
der Burg.
[3] S. W. Wackernagels oben angeführte Schrift S. 17—20; den
Text gibt auch *Trouillat*, Monum. de l'histoire de l'ancien évêché
de Bâle II, p. 114—119.

in unde sin gotshus iemanne hulfe, oder mit andern redelichen
sachen, so sol er sich ze bezzerunge, unz (bis) daz er genade vindet, entwürten (überantworten, ausliefern, stellen) vür gevangen
in den *roten turn* ze Saint Uolriche, unde sal der scholteizze
einen *siden vaden* mit wasse dar vür spannen, unde die ambt-
liute us des bischoves costen suln ime rat tuon, der marschalch
sinen rossen, der trussezze daz ezzen als dem bischove, der
schenke den win also, der camerer daz gewant. unde sol da liegen
unz er gnade vindet. unde so er genuog gekestiget wird, so sol
ouch der herre gnade han. wann (benn) herren zimet gnade[1]
Breker (bräch er) aber dar us, also daz er us vüere ane urloup
(ohne Erlaubniß), so widertheilt man ihme ze rehte lehen, eigen
unde erbe. unde ist êlos[2] unde rehtlos, und sol ime geben ein
brot in einen sach (Sack) unde vür die stat vüeren in eine wege-
scheide unde lossen gan....»

Jacob Grimm hat in seinen deutschen Rechtsalterthümern
nachgewiesen, wie manche Formeln und Symbole sich zwar an
griechische und römische knüpfen lassen, andere aber entschieden
und naturgemäß dem germanischen Boden entsprossen sind und
sich weit hinauf in die Uranfänge des Volkes, in dessen
Mythenzeit hinaufführen lassen. So vor allen, die Symbole des
Hammerwurfes, des Wagens, des Seidenfadens, als
Wahrzeichen der Besitznahme oder des unverletzlichen Besitzes
selbst. Wir haben uns hier nur mit dem letztern dieser drei
sinnbildlichen Gebräuche zu befassen.

Als Zeichen der Gefangenschaft, des Einbannes des bischöflichen Dienstmannes im rothen Thurme zu Basel, spannte
der Schultheiß vor die Thüre einen Seidenfaden, dessen

---

[1] „Herren ziemt Gnade" scheint ein Sprichwort zu sein, welches in
ähnlicher Fassung oft in mittelalterlichen Dichtern vorkömmt. W. Wackernagel l. c, S. 39 Note 10.

[2] gesetzlos, exlex; ê heißt ursprünglich Gesetz; so noch bei Geiler: die
alte e, das Gesetz, b. h. Mosis.

Enden er mit Wachs versiegelte. Das Verletzen oder Durch=
brechen desselben wäre allerdings ein Leichtes gewesen, aber als
ein höheres Vergehen angesehen worden als das Sprengen
doppelt geschlossener oder mit Eisenketten umgebener Thüren,
denn der Frevler wäre außer dem Gesetze, êlos und rehtlos,
erklärt worden. Ja, in noch ältern Zeiten büßten diejenigen,
welche die heiligen Schnüre zerbrachen, mit der rechten Hand
und dem linken Fuße.[1]

Unserm Falle durchaus ähnlich, weist Grimm einen aus
dem 12. Jahrhunderte nach, wo ein gefangen gehaltener Dienst=
mann des Erzbischofs von Köln durch einen bloßen Faden=
zug (filum stamineum) eingesperrt wurde.[2]

Um Gerichtsstätten spannte man in alten Zeiten ebenso
Fäden, vêbond, d. i. heilige Bänder, deren Durchbrechen
als höchster Frevel galt.[3] Gleiches Umgeben mit Seidenfäden
kömmt in Bannforsten vor.[4]

Auch Chriemhildens berühmter „Rosengarten" war nur mit
einem Seidenfaden umzogen:

„Einen Rosengarten hatte die wunderschöne Maid
Von einer Meilen Länge, ein halbe war er breit:
Um den gieng statt der Mauer ein Seidenfaden fein.
Sie sprach: „Trotz allen Fürsten! Es kommt mir keiner hinein!"[5]

In Laurius „Kleinem Rosengarten" steht:

„Darbei ein schönes Gärtelein,
Darumb gehet ein seiden Faden. —
Daz biu Müre solbe sîn,
Daz was ein faden sîdîn;

---

[1] Simrock, deutsche Mythol. S. 525.
[2] Deutsche Rechtsalterthümer, 2. Aufl. 1854, S. 182.
[3] Ebend. S. 810.
[4] Mannhardt, German. Forschungen. Berlin 1858, S. 683.
[5] Simrock, Kleines Heldenbuch, S. 240, vergl. S. 213.

Der im ben zebrüche,
Wie balb er baz räche!"[1]

Der trockene Rechtsgebrauch hat uns auf das duftige Gebiet der Poesie geführt auf dem wir noch etwas verweilen wollen, denn der Seidenfaden spinnt sich durch die ältern Zeiten bis zur unsrigen fort. Sangen doch vor wenig Jahren erst Mülhauser und Jlzacher Knaben im „Rauß-" oder Fastnachtsliede vor den Thüren und Fenstern:

„Sibefabe um das Hüs,
's lüäghe schéne Jumpfere drüs."

„Sibefabe um das Hüs,
's lüäghe schéne Hérre drüs…"

Und in Thann sangen oder singen noch am ersten Mai, die das Maicréfele begleitenden Buben:

„'s isch e gäler Fabe um das Hüs;
D'r Hérr spatziert dreimol dri un drüs."

Der Seidenfaden im ersten Liede und der an die Goldkette, den Goldfaden mahnende gelbe Faden, im zweiten, beziehen sich unverkennlich auf den Hausbann das Hausrecht, das Genießen des Besitzthums der Hausbewohner, von denen sich die Knaben eine freundliche Festgabe an Geld oder Eiern und Wein ersingen. Unbewußt haben sie, aus ältern Liedern, diese Anklänge an einen längst untergegangenen Rechtsgebrauch, dessen Sinn und Bedeutung ihnen verdeckt ist, in die Gegenwart herübergebracht.

Rechtsgebräuche, Rechtssymbole und Volkslieder, besonders solche die auf gewisse Tage und Feste gehn, knüpfen aber oft an weit hinaufführenden Mythus, und dieser wird wohl auch unsern Seidenfaden angesponnen haben.

---

[1] Grimm, D. Rechtsalterth. S. 183.

Daß ein um den Neptunustempel bei Mantinea gezogener Wollfaden, jenen gegen Entheiligung schützte, hat W. Wackernagel aus Pausanias VIII, 10 nachgewiesen.[1]

Für den germanischen Gebrauch gibt J. Grimm einige Anhaltspunkte. Mannhardt aber hat in seinen Germanischen Mythenforschungen, Seite 674 u. f., mit sicherer Hand, den Nornen, den Schicksalsgöttinnen, den ersten Faden an den Rocken gelegt und manche Rechtsgebräuche, Spiele, Festreime und Volkslieder dadurch auf sinnige Weise zum Verständniß gebracht.

Der Aberglaube der sich, mit Beziehung auf die Nornen, an die Macht des Seidenfadens knüpfte, zuvörderst an den rothen, veranlaßte daß, wie es in den alten dänischen Volksliedern heißt, die Helden „um sich fest zu machen" rothe Seidenfäden um die Helme banden.[2]

Gegen diesen Brauch, der auch sonst in das gewöhnliche Volksleben des Mittelalters eingedrungen war, eifert der Verfasser des „Seelentrostes." Dieses merkwürdige Buch ist eine durch zahlreiche Beispiele, Erzählungen, Anekdoten und Legenden praktisch entwickelte Erklärung der zehn Gebote. Es stammt aus dem Anfange des 15. Jahrhunderts und ist in altkölnischer Mundart abgefaßt. Franz Pfeiffer hat in Frommanns „Zeitschrift der deutschen Mundarten" (Band I und II), die für die Sprach- und Sittenkunde interessantesten Bruchstücke daraus mitgetheilt. Die hieher gehörige Stelle[3] lautet: Du ensalt dich neit laissen messen mit einne *rode vadome,* d. i.: Du sollst dich nicht mit einem rothen Faden messen, (umgeben, bezeichnen) lassen.

Der Aberglaube an die Wirksamkeit dieses Fadens bauert

---

[1] Bischofs- und Dienstmannenrecht von Basel, S. 88, Anm. 6.
[2] J. Grimm, D. Rechtsalterth. S. 183.
[3] Bd. I, S, 183 u. 184. Note 5.

noch jetzt unter dem Volke fort: „Mit einem **rothen Faden** muß das Glückshäubchen der Neugebornen umwunden und aufbewahrt werden."[1] „Hat sich das Kind geschnitten und blutet stark, so verbind' ihm — sagt eine Hausregel — den Herzfinger mit rothem **Seidenfaden**, daß er fast schwillt"[2] Dieß wird noch häufig im Elsasse praktizirt; wie denn auch Warzen mit einem **seidenen Faden** umbunden werden müssen, damit sie verschwinden.

Das mit rothem Faden umwundene Glückshäubchen weist wieder unzweifelhaft auf die des Kindes Geburt schirmenden Nornen hin.

Das von ihnen gesponnene Seil aber, das **Schicksalsseil**, das auch als **Goldkette**, als gelber oder rother **Zwirn- oder Seidenfaden** erscheint, war heilig.[3] Das gewaltsame Zerreißen oder Zerschneiden desselben zog Unglück und selbst den Tod nach sich.

Dieser, ursprünglich blos religiösen Ansicht huldigend, nahm der Rechtsgebrauch das Seil und den es ersetzenden Seidenfaden als Symbol auf, wie dies auch bei Thorr's Hammerwurf und bei dem einst über ein Feldstück rollenden Wagen der Fall war. Als deren höchst dürftige Stellvertreter, bezeichnen jetzt Strohwische auf Stecken, den Besitz von Aeckern, Wiesen, Reben, die zu betreten untersagt ist, oder die der Besitzende, damit zu verkaufen anbietet.

---

[1] Rochholz, Schweizer. Kinderlied u. Kinderspiel. S. 281.
[2] Ebend. S. 334.
[3] S. Mannhardt, l. c. und Simrock, Mythol. S. 121. 459. 524. 525.

Gerichtsverfahren.

Strafarten im 17. und 18. Jahrhundert.

War dieß die gute alte Zeit
Des Heiles, der Gemüthlichkeit?...
Die alte war's, doch nicht die gute:
Es lechzt' „das Recht" nach Bürgerblute;
Was Frevel heut, war da Verbrechen,
Das Schwert und Galgen mußten rächen;
Ja was heut Recht, war Missethat,
Und was heut Pflicht, war oft Verrath;
Obherr war nur und Unterthan,
Vorrecht und Willkür obenan.
Es war ein trübes Geisteswetter.
Ihr zweifelt?... Leset diese Blätter!

In Folge der Bestimmungen des westfälischen Friedens, war das Elsaß, Straßburg ausgenommen, der Krone Frankreichs einverleibt worden. Den zehn Reichsstädten allein waren ihre Rechte und Freiheiten bewahrt, und sie sahen es als einen Einbruch in dieselben an, da Herzog von Mazarin, in seiner Würde als Landvogt von Hagenau, ihre Abgeordneten aufforderte, dem Könige den Eid der Treue und des Gehorsames zu leisten. Nach langem Widerstreben, fügten sie sich und schwuren den auferlegten Eid am 10. Januar 1662. Mit dem politischen Wechsel, nahm nun auch das Rechtswesen im Elsaß eine ganz neue Wendung und mußte sich demjenigen Frankreichs schmiegen. Schon 1648 hatte Ludwig XIV. an die Stelle der östreichischen Regierung, die in

Ensisheim ihren Sitz hatte, eine königliche Kammer als höchste Instanz zu Breisach niedergesetzt. Nach mancherlei Benennungen und Residenzen, wurde endlich der Stadt Colmar die Ehre zu Theil der Sitz des **obersten Gerichtshofes**, Conseil souverain, fortwährend zu bleiben.

Die Sammlung der zu dieser Zeit im Elsaß giltigen Rechte, die theils aus königlichen Verordnungen, Erlassen, offenen Briefen, theils aus den Beschlüssen des Staatsrathes und des obersten Gerichtshofes besteht, ist unter dem Titel Ordonnances d'Alsace, 2 Bände Folio, Colmar 1775, bekannt. Diese von Hrn. de Boug, dem damaligen ersten Präsidenten des Gerichtshofes gesammelten Aktenstücke gehn von 1657 bis 1770. Mein Freund Christophorus besitzt einen Theil des zum dritten Bande vorräthigen Manuscriptes.

Die Ordonnances d'Alsace sind für die Kenntniß des Rechtszustandes in Frankreich und zunächst im Elsaß von höchstem Interesse. Sie allein schon sind ein sprechendes Zeugniß für die Wohlthaten welche die Grundsätze der Revolution von 1789 den nachfolgenden Geschlechtern gewährt haben; sie sind wohlzuprüfende Denkmäler für jeden der dieses Chaos von Vorrechten, Willkür und Zwangsherrschaft, während mehr als einem Jahrhundert, aus authentischen Aktenstücken kennen lernen will. Ich habe daraus einige Züge und Bilder, welche sich auf die Art der Rechtspflege und die Sitten der Zeit beziehen, zusammengestellt, mehr um den Geist der darin weht anzudeuten als genauer in denselben einzugehen.

1. Strafen welche über die Gotteslästerer verhängt waren.

30. Juli 1666.

Frevler, welche überwiesen waren gegen „Gott, gegen seine Mutter, die hochheilige Jungfrau, oder gegen die Heiligen" geläſtert zu haben, wurden für's erſtemal, je nach ihrem Vermögen, der Art und dem Maße ihrer Läſterung, zu einer Geldſtrafe verurtheilt. Die zwei Drittheile davon fielen dem Spitale oder, in Ermangelung eines ſolchen, der Kirche zu, das andere Drittel dem Angeber.

Wer zum zweiten, dritten oder viertenmale jenes Verbrechens bezüchtigt ward, bezahlte doppelte, dreifache und vierfache Geldbuße.

Das fünftemal aber wurde der Schuldige, unbeſchadet der größern Geldſtrafe die er zu erlegen hatte, an einem Sonn- oder Feſttage, an den Pranger geſtellt und von acht Uhr Morgens bis ein Uhr Nachmittags, aller öffentlichen Schmach und Beſchimpfung preisgegeben.

Zum ſechstenmale wurde er an den Schandpfahl geführt, und im die Oberlippe mit einem glühenden Eiſenmeſſer abgeſchnitten.

Ließ er ſich zum ſiebentenmale denſelben Frevel zu Schulden kommen, ſo verlor er auf gleiche Weiſe die Unterlippe.

Im Wiederbetretungsfalle endlich wurde dem Verbrecher die Zunge abgeſchnitten.

Konnten die Verurtheilten die Geldſtrafen nicht erlegen, ſo wurden ſie einen Monat lang oder länger, je nach der Richter Gutachten, bei Waſſer und Brod ins Gefängniß geſetzt.

Beſondere Regiſter wurden angelegt um die Namen der Verurtheilten und deren Strafen aufzuzeichnen.

Wurde einer überwieſen eine Gottesläſterung gehört und den Schuldigen nicht angegeben zu haben, ſo wurde er um 60 Sols parisis geſtraft, eine Summe welche die Richter nach Gefallen erhöhen konnten, ſo wie es ihnen auch frei ſtand, alle oben angeführten Strafen durch ſchärfere zu erſetzen, wenn die Art der Läſterung es erforderte. (Ordonnances d'Alsace I, fol. 27 und 28).

2. Schriftverfälscher.
März 1680.

Schon ein Edikt Königs Franz I, vom März 1531 hatte Todesstrafe auf das Verfälschen öffentlicher Schriften von Seiten gewisser Staatsbeamten gesetzt. Ludwig XIV dehnte, März 1680, diese Strafe auf alle Staatsbeamten aus, welche öffentliche Akten abzufassen haben und überließ es den Richtern auch Nichtbeamtete, die sich des Verbrechens der Verfälschung schuldig gemacht, mit den schwersten Strafen und selbst mit der Todesstrafe zu belegen. (Ordon. d'Alsace I, fol. 82).

Beide Edikte wurden 1720 erneuert, in Kraft erklärt und den Richtern befohlen gegen Verfälscher von Staatspapieren, die den königlichen Schatz betreffen, keine andere Strafe als die Todesstrafe auszusprechen. (Ebend. II, fol. 550, 551).

3. Eine Verordnung gegen die Zigeuner.
11. Juni 1682.

In Betracht der Vermehrung der Zigeuner und der gesetzwidrigen Aufnahme, die solche oft in den Häusern und Schlössern der Abeligen fanden, erließ Ludwig XIV. eine von seinem Minister Le Tellier ausgefertigte Verordnung, welche folgende Punkte festsetzt:

Alle obern und niebern Gerichtspersonen haben diejenigen, die sich Zigeuner (Bohèmes, Bohémiens) oder Egypter nennen, so wie deren Weiber, Kinder und sonstige Angehörigen festzunehmen.

Die Männer werden an die Zwangskette geschmiedet und zu ewiger Arbeit auf die Galeeren abgeführt.

Den Weibern, welche zum erstenmale auf Landstreicherei ergriffen werden, sollen die Haare vom Kopfe abrasiert werden; zum zweitenmale sollen sie mit Ruthen gepeitscht und des Landes verwiesen werden.

Die Kinder, welche zu schwach sind auf den Galeeren zu arbeiten, sollen in dem nächsten Hospitale aufgenommen, und wie andere daselbst „eingesperrte" Kinder genährt und erzogen werden.

Zu keiner dieser Maßregeln ist ein Prozeßverfahren erforderlich, (le tout sans autre forme ni figure de procès).

Sollten sich, trotz wiederholter Verbote, Edelleute oder Herren, die irgend eine obere Gerichtsbarkeit zu Lehn tragen, also vergessen, daß sie dennoch Zigeuner, deren Weiber oder Kinder, bei sich aufnehmen, so soll ihnen ihre Gerichtsbarkeit genommen werden und ihre Lehen sollen der königlichen Domaine anheimfallen. Es kann auch auf außerordentliche Weise wider sie verfahren werden und größere Strafen können sie treffen, die zu mildern nicht in der Macht unsrer Richter stehn soll. (Ordon. d'Alsace I, fol. 116).

4. Wahrsager, Zauberer und Vergifter.

Juli 1682.

Wahrsager und Wahrsagerinnen müssen unmittelbar nach Veröffentlichung des königlichen Edikts, das sie betrifft, das Königreich verlassen. Solche die sich noch auf der That ergreifen lassen, sollen körperliche Züchtigung erleiden.

Strenge Strafen, die nicht bestimmt sind und die der Richter, je nach den Umständen, nach Gutdünken auflegen kann, sollen diejenigen treffen, welche die h. Schrift oder die Gebete der Kirche zu abergläubischen Praktiken mißbraucht hätten.

Zauberei und Giftmischerei werden mit dem Tode bestraft. (Ordonn. d'Alsace I, fol. 113—114).

5. Hasardspiele.

15. Januar 1691.

Zu Ende des 17. Jahrhunderts wurden besonders zwei

Hasardspiele, hoca und basette, in allen Städten so wohl von Bürgerlichen als Militärs gespielt. Nachdem die strengsten Strafen dawider ausgesprochen worden, hörten dieselben eine Zeitlang auf, tauchten aber bald wieder, öffentlich oder im Versteckten, unter andern Namen auf, als pharaon, barbacole, und pour et contre. Da faßte der König einen Staatsbeschluß gegen diese Spiele. Wer darüber ertappt wurde, hatte eine Summe von 1000 Livres und der die Spieler aufnehmende Hausherr oder Zimmerinhaber 6000 Livres Strafe zu entrichten. Davon floß ein Drittel in den königlichen Fiskus, ein zweites kam den Armen des Ortes zu gut und das dritte dem honetten Angeber. Wer die 1000 Livres nicht bezahlen konnte, hatte vier Monate Thurmstrafe zu erleiden; wer die 6000 Livres nicht erlegte, wurde auf ein Jahr unter Schloß und Riegel gebracht. (Ordonn. d'Alsace I, fol. 189).

6. **Die Aerzte sind gehalten, den zweiten Tag ihres Besuches bei Kranken, dieselben zum Beichten aufzufordern.**

8. März 1712.

Hatte ein Arzt einen Fieberkranken zu besorgen oder einen mit einer andern Krankheit Behafteten, die den Tod befürchten ließ, so mußte er ihn am zweiten Tage selbst ermahnen oder durch seine Familie auffordern lassen, einen Beichtiger zu begehren. Weigerte sich der Kranke oder die Familie dieß zu thun, so mußte der Arzt den Geistlichen oder den Vikar der Pfarrei davon benachrichtigen und sich von ihnen ein schriftliches Zeugniß ausstellen lassen, daß er das Begehren an sie gemacht. Wurde der Beichtiger nicht angenommen, so durfte der Arzt schon den dritten Tag den Kranken nicht mehr besuchen.

Jeder Arzt der diese vorgeschriebenen Verordnungen unterließ, wurde, zum erstenmale zu einer Geldbuße von 300 Livres verurtheilt; das zweitemal, wenigstens während drei Monaten, der Ausübung seines Amtes beraubt; das drittemal seiner Licentiaten oder Doktorwürde verlustig erklärt und ihm die Ausübung seiner Kunst im ganzen Königreiche untersagt. (Ordonn. d'Alsace I, fol. 408).

7. Weinverfälschung.
2. September 1718.

Andreas Lippeser und Anna Schmidin, seine Ehefrau, von Robern, im Amte und in der Herrschaft Bergheim gelegen waren überwiesen, im letzten Herbste „Walbnachtschatten" unter ihren rothen Wein gemischt zu haben. Martin Ebel, ein Bürger von Roberen, der von dem verfälschten Weine getrunken, starb an den Folgen des Giftes; mehrere andere Personen wurden davon krank.

Das Gericht verurtheilte die schuldigen Eheleute zu einem Monat Thurmstrafe, zu 150 Livres Geldbuße, die sie der Herrschaft zu entrichten hatten, und zu den Unkosten des Prozesses. Bevor sie ihre Strafe antraten, wurden sie, an einem Markttage, von zwei Stadtknechten durch die Straßen von Bergheim geführt; beiden war vorn und hinten ein Zettel angeheftet auf welchem in französischer und deutscher Sprache «frelateurs de vin», „Weinverfälscher" stand. Endlich mußten sie 30 Livres ins Almosen legen um für die Seelenruhe des Verstorbenen beten zu lassen. (Ordonn. d'Alsace I, fol. 527, 528).

8. Bestrafung des Diebstahls.
4. März 1724.

Kirchendiebstahl zog für die Schuldigen und deren Helfershelfer, als geringste Strafe, zeitliche oder ewige Galeerenarbeit nach sich. Die Weiber wurden in Zwangsgefängnisse gebracht, nachdem ihnen der Buchstabe V aufgebrannt worden.

Je nach den Umständen konnte der Kirchendiebstahl auch mit dem Leben gebüßt werden.

Hausdiebstahl wurde mit dem Tode bestraft.

Auf andere Arten von Diebstahl, in so ferne die Schuldigen zum ersten Male vor Gericht standen, war Geißelung und Brandmarkung gesetzt, unbeschadet der größern Strafen die folgen konnten. Im Wiederbetretungsfall waren die Weiber, außer der Zwangsarbeit, mit Brandmarkung mit einem doppelten V, die Männer mit Todesstrafe bestraft.

Die zu den Galeeren Verurtheilten erhielten die Brandmarke G A L. (Ordonn. d'Alsace I, fol. 605).

9. Verbot in Betreff der Anlegung von Rebstücken ohne vorläufige Erlaubniß.
16. Januar 1731.

Im Elsaß soll es keinem Eigenthümer oder zu Lehen Sitzenden gestattet sein, ohne vorher eingeholte und erhaltene Erlaubniß, auf seinem Grund und Boden Reben anzulegen. Wer dagegen handelt, ist zu einer Geldbuße von 3000 Livres verurtheilt. (Ordonn. d'Alsace II, fol. 55).

10. Ob Schenkwirth, ob Schulmeister.
6. Juli 1736.

Der katholische Schulmeister Lorenz Aman, in Anbolsheim, hielt neben der Schule noch eine Schenke, was nicht nur in der Gemeinde sondern auch in der Umgegend strengen Tadel fand. Vom Fiskal-Prokurator der Grafschaft Horburg hatte Aman bereits einen Verweis erhalten, dazu das Verbot fernerhin Wein auszuschenken, unter Androhung der Absetzung. Da ihm nun dieses Verbot schon früherhin, aber vergeblich, gemacht worden war, so wurde er zu 6 Livres Geldbuße verurtheilt. Der Schulmeister appellirte gegen diesen Spruch. Das Obergericht, welchem beide Aktenstücke vom Prokurator zugeschickt worden waren, entschied die Sache dahin, daß sich Aman innerhalb vierundzwanzig Stunden auf der Gerichtsstube des Amtes Andolsheim zu entscheiden habe ob er die Schenke oder die Schule beibehalten wolle, (d'opter entre le bouchon et l'école). Ordonn. d'Alsace II, fol. 148, 149.

11. Abweisung des Begehrens eines Scharfrichters.
7. März 1738.

Der Scharfrichter des Amtes Hatten, Michael Heydt, Vater von zwölf Kindern, sah sich in die Unmöglichkeit versetzt dieselben zu ernähren, da seinen Söhnen gesetzlich jeder andere Stand verwehrt war und seine Töchter keinen „ehrlichen" Bürgersohn heirathen konnten. Er wandte sich deßhalb an den Obergerichtshof von Colmar, um von demselben die Erlaubniß zu erhalten daß fünf seiner Söhne in eine Handwerkszunft treten und seine fünf Töchter sich an andere Männer als die seines Amtes verheirathen dürften zwei Söhne sollten dagegen, nach seinem Tode, das Scharfrichteramt fortversehen.

Der Gerichtshof verwarf das Gesuch aus folgendem Grunde: Wäre die Wiedereinsetzung in das gewöhnliche Recht (la réhabilitation) möglich, so wäre es am Könige sie zu ertheilen; da jedoch der Vater und zwei seiner Söhne das Amt nicht verlassen, so hieße es die Zünfte der Handwerker allzusehr kränken (mortifier), wenn man sie zwänge die übrigen Söhne aufzunehmen. (Ordonn. d'Alsace II, fol. 193 u. 194).

12. Todesstrafe gegen Schmuggler.
23. Mai 1743.

Schon den 17. Oktober 1720 und wieder im Jahr 1726 hatte ein königliches Edikt die Todesstrafe über solche verhängt, die in der Zahl drei oder darüber, vereinigt oder bewaffnet gefunden würden, um Tabak, gefärbte Zeuge oder andere Waaren ins Land zu schmuggeln. Zudem sollten ihre Güter zum Besten des Staates konfisziert werden.

Den 23. Mai 1743 wurden die Strafen noch geschärft und auf verschiedene einschlagende Fälle angewandt.

Mit Todesstrafe und Güterkonfiscation wurden nicht nur diejenigen bestraft, in deren Besitz man verbotene Waaren fand, sondern auch alle die, welche, wenigstens zu fünfen, bewaffnet, (ohne vom Intendanten der Provinz zum Waffentragen befugt zu sein), Pferde, Wagen, Schiffe oder mit Waaren beladene Personen begleiteten.

Zu lebenslänglicher Galeerenstrafe wurden schon diejenigen verurtheilt die, wenigstens zu fünfen, mit Schießgewehren bewaffnet, in der Nähe der gewöhnlichen Landungsorte der Schmuggler angetroffen wurden, selbst wenn sich keine Waaren bei ihnen vorfanden. Dieser Strafe sollten aber nur folgende Arten von Leuten verfallen sein: Landstreicher, Heimatlose, Handwerksleute, Lastträger, Matrosen, Bauern, denen das Waffentragen untersagt ist. (Ordonn. d'Alsace II, fol. 250).

13. Das Wohnrecht der Juden.
9. Dezember 1755.

Das Recht, den Juden zu erlauben, sich an einem Orte häuslich niederzulassen, kam ursprünglich nur den Kaisern zu und war eines ihrer höchsten Regalien.

Karl IV ertheilte dasselbe in der „goldenen Bulle" zuerst auch den Churfürsten, sodann andern Fürsten und Ständen des Reichs.

Seit Karl V genoß es ebenfalls der reichsmittelbare Adel im Elsaß und es wurde ihm auch nach der Vereinigung des Landes mit Frankreich beibehalten. Kraft dieses Privilegiums verweigerte Simson Ferdinand, Herr zu Landsperg und anderer Orte, dem Juden Meyer Wolf, im Jahr 1755, sich mit seinem Weibe im Dorfe Lingolsheim, in dem jener geboren war, häuslich niederzulassen. Er erwirkte vom Direktorium des unterelsässischen Adels einen Beschluß, der sein Recht bestätigte und dem Juden befahl, Lingolsheim in einer Frist von acht Tagen zu räumen, unter Androhung einer Geldstrafe von fünfzig Gulden, die er seinem Oberherrn zu entrichten hätte.

Hier sind einige Gründe des Beschlusses, durch den der oberste Gerichtshof des Elsasses jenen des Adelsdirektoriums bestätigte:

„Es ist allerdings wahr, daß der Vater des Appellanten von seinem Herrn die Erlaubniß erhalten hat, Lingolsheim zu bewohnen; diese Erlaubniß war aber rein persönlich und gab dem Sohn kein Recht, sie auch für sich in Anspruch zu nehmen; denn niemanden ist es je in den Sinn gekommen, daß ein Jude in einem Orte das Bürgerrecht für sich und seine Nachkommen erlangen könne. Eine solche Behauptung widerstrebt der Meinung die wir von der jüdischen Nation haben und die Jeder von ihr haben soll, da dieselbe nur auf eine gewisse Zeit und aus Gnade geduldet wird; diese Behauptung ist ferner dem in der Provinz üblichen Brauche entgegen und greift die Verwünschung an, welche die Gottheit selbst wider jenes Volk ausgesprochen hat.

„Der Jude hat keinen festen Wohnsitz, er ist verurtheilt ewig umherzuirren; diese Strafe folgt ihm überall hin und sagt ihm, daß er sich nirgends für immer ansiedeln dürfe. Selbst die Rückkehr in das Land seiner Väter ist ihm für immer untersagt. Es ist daher empörend (révoltant), daß ein dieser verbannten Nation Angehöriger einen Herren zwingen will, ihn anzuerkennen und ihm eine Art Schutz angedeihn zu lassen, und zwar aus der einzigen Ursache, daß der Herr den Vater dieses Juden in seinem Gebiete aufgenommen hat und daß der Jude selbst darin geboren ist.

„Die Juden sind keine Bürger; (les Juifs ne sont ni Citoyens ni Bourgeois)...

„Die Juden machen keinen Theil jenes Ganzen aus, welches die politischen Körperschaften bildet. Durch einen ewigen Urtheilsspruch verdammt, ohne König, ohne Obrigkeit, ohne bleibende Stätte, auf der Oberfläche der Erde umherzuirren, sind sie überall Fremdlinge; ihren Zufluchtsort, wo sie ihn auch wählen mögen, haben sie nur der Duldung zu verdanken und die persönliche Erlaubniß sich irgendwo ansäßig zu machen, nur dem Vertrage mit der Herrschaft, die sie ihnen ertheilt.

„Diese Erlaubniß betrifft nur ihre eigene Person und man vermag es nicht, sich mit dem Gedanken zu versöhnen, daß eine bloße Duldung eine auf die Nachkommen übergehende Berechtigung mit sich bringe...

„Noch kein Staat hat den Juden bürgerliche Rechte verliehen. Es ist bewährt, daß weder nützliche Erfindungen noch schwere und anhaltende Arbeit, Fabrikwesen, Ackerbau, überhaupt nichts was einen Staat blühend machen kann, in ihrem Systeme Raum findet. Jede Art von Wucher, Hülfsquellen die sie Verschwendern oder unglücklichen Schuldnern eröffnen um deren Untergang zu beschleunigen: das ist ihre vorzüglichste Industrie, und es kann gar nicht anders sein bei Menschen, die jeden Staat in dem sie leben als einen Ort der Verbannung betrachten und sich durch ihre Religion ermächtigt glauben, wenigstens alle diejenigen zu betrügen (duper), die sich nicht zu derselben bekennen."

Aehnliche Beschlüsse wie gegen Meyer Wolf von Lingolsheim, wurden später noch gegen andere Juden von Weißenburg, Hagenau u. a. O. gefaßt. (Ordonn. d'Alsace II, fol. 171—465).

14. Verbannung eines Wiedertäufers wegen Verweigerung der Eidesleistung.
7. September 1769.

Ein Wiedertäufer Namens Jakob Frey, zu Dürrenentzen, im Oberelsasse, wohnhaft, ward vor Gericht beschieden, um in einer Untersuchung Zeugniß abzulegen. Auf seine Weigerung, den von ihm geforderten Eid zu leisten, wurde er ins Gefängniß geworfen und den 7. September 1769 vom Obergericht zu Colmar, zu ewiger Verbannung aus dem Reiche und zu einer Geldbuße von 10 Livres verurtheilt.

Die Zahl der im Elsaß geduldeten Wiedertäufer war schon im Jahre 1728 festgesetzt worden und den Amtleuten befohlen, darüber zu wachen, daß die jene Zahl überschreitenden Kinder, sobald sie in das Alter der Vernunft getreten, (lorsqu'ils auront l'âge de raison) von ihren Eltern außer Land geschickt würden. Weigerten sich die Eltern, so wurden sie selbst aus dem Königreiche verjagt (chassés). Ordonn. d'Alsace I, fol. 414—416.

Die Wiedertäufer waren außerdem gehalten ihren Antheil zum Unterhalte des katholischen Schullehrers zu entrichten, zu den Kosten der Pfarrei beizutragen und an den Geistlichen die Gebühren für Hochzeiten, Begräbnisse und andere Ceremonien des Cultus zu bezahlen. (II, fol. 303—304).

Die Fausthämmer in Straßburg.

Schon zu verschiedenen Malen und wieder in den Jahren 1628 und 1685 hatte der wohlweise und fürsichtige Magistrat der guten Stadt Straßburg den Bürgern, Insassen und sämmtlicher Dienerschaft vorgestellt, „wie es Gott und alle Ehrbarkeit erfordere," sodann auch „die Politische Harmony und das gemeine Wesen, den gebührlichen Unterscheid zwischen den Ständen" äußerlich zu beobachten.

Denselben nun ein für allemal festzusetzen, gab der Magistrat eine neue Kleiderordnung heraus und theilte sämmtliche Einwohnerschaft in sechs Grade, indem er jedem derselben, unter Androhung von Strafen, nicht nur die Form der Kleider, sondern auch die anzuwendenden Stoffe vorschrieb, ja selbst deren Ankaufspreis bestimmte.

Im zweiten, d. h. zweituntersten Grade erscheinen, nebst den „Taglöhnern, Holzhauern, Sackträgern, Spannern, Kärchel- und Faßzeihern, Boßlern und andern ihresgleichen" auch einige dienstbare Geister der verschiedenen Rathsabtheilungen, der Zünfte und des Polizeiwesens: Thürhüter, Almosenknechte, Siebnerknechte, Haagknechte[1] und Fausthämmer.[2]

Diese Fausthämmer, apparitores, wie sie Scherz in seinem Glossar nennt, führten zur Zeit einen Hammer (malleus) mit sich, als Abzeichen ihrer Würde und Bekräf-

---

[1] Bannwarte, Flur- und Wegaufseher; wie Hag- oder Hegreiter.
[2] F. K. Heitz, das Zunftwesen in Straßburg, S. 86—92.

tigungsmittel ihrer Thätigkeit.¹ Es waren Polizeidiener, denen die Aufrechthaltung der Straßenordnung und namentlich das Ueberwachen der Bettler angewiesen war, weßhalb sie auch Bettelvögte hießen, ein Name, der in Straßburg noch im ersten Viertel dieses Jahrhunderts wohl bekannt war.

Die Fausthämmer kommen zweimal in Heinrich Leopold Wagners² Trauerspiel „die Kindsmörderin" vor.

Im 5. Akt S. 83. erscheinen zwei derselben; zu dem Einen sagt der Metzger Humbrießt;

„Dich kenn' ich zum wenigsten, bist du nicht der Hans Adam, der Bettelvogt daneben im Bocksklüssel?

Fausthammer. Gar rächt; wir werden aber Fusthämmer, nit Bettelvögt tittliert."

S. 99, am Schluß des fünften Aktes:

1. Fausthammer. „Gott Lob! Do gitt's doch widder e Paar sechs Schilli Bießle³ zu verdienä!

2. Fausthammer. Vergiß jetz widder b'Kunstgn', hätschs ghört!

1. Fausthammer. Dreck uf die Nas!"

Im Pfingstmontag, 3. Aufzug, 2. Auftritt, dessen Hand-

---

¹ Der Hammer ist ein uraltes Symbol des Rechts, des Besitzes und noch in spätern Zeiten ein gerichtliches Zeichen: „durch Herumsendung eines Hammers pflegte in einigen Gegenden der Richter die Gemeinde zu berufen und bei Vergantungen geschiehet mit ihm bis auf heute der Zuschlag." J. Grimm, deutsche Rechtsalterthümer, 2. Ausg. S. 65; vgl. 55 u. s. w.

² H. L. Wagner wurde zu Straßburg, den 19. Hornung 1747 geboren und starb zu Frankfurt a. M., als Advokat, den 4. März 1779. In Straßburg wo er die Rechte studierte, gehörte er zur Gesellschaft des Altuars Salzmann und des um zwei Jahre jüngern Göthe. Wagner hat eine große Anzahl dramatischer Stücke geschrieben, die sämmtlich in Vergessenheit gerathen sind.

³ Bießle kommt von dem verdorbenen pièce, Stük her.

lung ins Jahr 1789 fällt, unmittelbar vor dem Ausbruch der französischen Revolution, läßt Arnold b'Bärwel sagen:
„Der Bossel vom Fischbal, der Nazi, het mer's gsteckt.
Un noch zwei Bettelvögt...
Frau Dorothee. Fusthämmer sat mer!"
In einer die Kinderzucht betreffenden Polizeiordnung von 1738 heißt es:
„Wir verbieten auch allhier neuer Dingen denen Kindern alles Stein- und Hutwerffen, Rageten, Schwärmerschießen, dadurch sie selbsten oder die Vorbeigehenden können beschädiget werden, Strohanzünden, oder andere Feurnehmende Materien, Drachen-ziehen, sonderlich an den Orten, wo Pferde und Fuhren vorbey gehen, und Scheumachung der Pferde, bey Straff gegen denenjenigen, so sich werden in solchem Fall betretten lassen, auff frischer That durch die **Fausthämmer** angehalten, und gehöriger Orten gezüchtiget zu werden; dero Eltern aber, so durch ihre Fahrlässigkeit zu obberührten Uebertrettungen werden Gelegenheit gegeben haben, in Ersetzung aller daraus zugefügten Unkosten, Schaden und Interesse, wie nicht weniger in eine nach Gutdünken unserer Policey-Richtern zu diktirender Gelt-Straffe."

Störung des Gottesdienstes durch Straßenlärm jeglicher Art, wurde in älterer Zeit schwer gerügt. Um denselben zu verhüten, wurden die jede Kirche umgebenden Straßen mit Ketten gesperrt.[1] Hacken, an welchen solche Ketten angehängt waren, befinden sich noch in der Schlauchgasse, an der neuen Kirche und an einigen andern Orten der Stadt.[2]

Auch hier hatten die **Fausthämmer** ihres Amtes zu warten. In dieser Beziehung sagt die oben angeführte Polizeiordnung:

---

[1] Dieß geschah bekanntlich auch in Mülhausen.
[2] Heiß, S. 103.

„Diejenigen Kinder so sich unterfangen werden währender Zeit des Gottes-Dienstes umb die Kirchen herum Lermen zu machen, sollen von benen Fausthämmern alsobald aufgefangen, und gleichfalls in gehörigem Ort ihrer Ruchlosigkeit wegen gezüchtiget werden, diesem Zufolg befehlen wir benen Fausthämmern bey Straff der Interdiction und sogar der Kassation in obermeldten Zeiten ihre Patrouille ordentlich umb die Kirchen herumb zu verrichten."

Außer diesen Amtsverrichtungen lag benselben noch ob, die Verurtheilten auf den sogenannten Lasterstein zu stellen, der früher an der Münze gestanden, im Jahr 1738 aber auf die unterste Stufe der Pfalztreppe gekommen ist.[1]

Die Fausthämmer haben schon lange den Hammer aus der Faust sinken lassen. Es werden deren nicht mehr viele die Luft des neunzehnten Jahrhunderts einziehen, die sie noch in ihrem Flore gesehen haben. Ihre jetzigen Nachfolger sind feineren Schlages, Säbel- oder gar Degenträger mit silbergestickten Krägen, eleganten Käppi's oder tricornes. Aber die Generation, die zwischen 1810 und ben zwanziger Jahren die gesegneten Bubenjahre in Straßburg durchgeflegelt, erinnert sich gewiß noch, halb mit Schrecken, halb mit Freuden, des Interregnums zwischen ben untergegangenen Fausthämmern und den jetzigen bemebaillten agents de police. Es war die Epoche der Meerrohre.

„Bléjele", gerade so wie des „Branbele's" Bäschen, die Lieblingsmeise des alten und jungen Alt-Straßburg, nannten wir die im zweiten Polizeigrabe stehenden Ordnungsregenten jener Zeit; denn ihr mit rothem Kragen versehener Kaputrock war hellblau, „bléjeleblöü," und von weitem schon sichtbar. In unserem Quartier, bem alten Weinmarkt nebst Umgegend,

---

[1] Silbermann, Lokalgeschichte der Stabt Straßburg. Fol. 177.

herrschte vorerst: der gute, dicke Nuß, der trotz seiner Wohlbeleibtheit recht frisch auf den Beinen war, und hatte er Einen „am Schnürlein," der kam gewiß nicht fort. Der hagere, magere Stewes mit der Spitznase und dem stechenden Blicke war der Gefürchtetste. Der Papa Heim oder „Heime-Babbe," mit den borstigen Augenbraunen, der heiseren Stimme und dem stets weinroth überlaufenen Antlitz, hätte manchmal gerne den Schrecklichen gespielt; allein man kannte ihn zu genau; er war, bei allen Donnerwettern, die er im Munde führte, die beste Seele von der Welt, und schlug nicht einmal ein Glas Hausberger aus, wiewohl ihm der Wolxheimer, Ottrotter oder Heiligensteiner stets besser mundeten. Hätte er in der Periode der Fausthämmer gelebt, statt in derjenigen der Meerrohre, er hätte den Hammer jedenfalls lieber über den Spund eines duftenden Weinfasses als über dem Kopf eines Malefikanten geschwungen, der Ueberzeugung lebend, daß dort mehr und Besseres herausgekommen wäre. Doch er ist längst dahin, der „Heime-Babbe." Er ruhe, nebst seinem Meerrohre und seinen Vor- und Mitgängern, im besten Frieden! (Geschrieben im J. 1861).

Fünfte Abtheilung.

Zur elsässischen Kulturgeschichte.

Der Sankt Johannes-Segen.

Bei den großen Jahresfesten, namentlich den zwei Sonnenwendtagen, begiengen die alten Skandinavier, so wie die Germanen, Feierlichkeiten zu Ehren ihrer Götter. Ein gewaltiges Trinkhorn kreiste in den Reihen und es galt Odin und Thor und den übrigen Asen. Dabei wurde ihr Beistand für Waffenglück und Gedeihen der Früchte der Erde erfleht und Gelübde abgelegt. Diese feierliche Handlung nannte man Minnetrinken, von Minne (englisch mind), das Gedächtniß, Andenken.

Die zum Christenthum bekehrten germanischen Völkerstämme behielten, nebst manchen andern Bräuchen, auch diesen bei. Da sie aber nicht mehr an Odin und die Asen glaubten, so gaben sie ihm andere Namen und tranken St. Georgs-, St.-Michaels-, St. Martins-, St. Gertrudens- oder St.-Johannes Minne und Segen. Der letztere namentlich war sehr lange üblich und soll noch jetzt im schwäbischen Städtchen Heilbronn, auf den Straßen, von Nachbar zu Nachbar, getrunken werden.

Derselbe gilt Johannes, dem Evangelisten, (nicht wie oft irrthümlich behauptet wird, dem Täufer), und fällt auf den 27. Dezember. Der Legende zufolge, soll nämlich Johannes, als er in der Verbannung lebte, ein mit Gift gefüllter Becher zugesandt worden sein, den er jedoch ohne Gefahr austrinken konnte.¹ Deßwegen bildet man ihn auch oft mit einem Kelche ab, aus welchem sich eine Schlange windet. In frühern Zeiten wurde der Johannestrunk oder Segen vom Priester feierlich geweiht. Wer dessen genoß, dem vermochte kein Gift zu schaden und an dem warb auch jede Verblendung und Unbill des Bösen ohnmächtig (Baader, Sagen aus Baden, S. 111); dagegen ward er himmlischen und irdischen Segens theilhaftig, wie dies ein altes geistliches Volkslied so schön ausdrückt:

> „Sant Johans Minne biz ist,
> Wer die trinket in dieser Frist,
> Der mueß sälig werden
> in Himmel und uff erden,
> an der sele und an dem libe!"

Man reichte St. Johannes Segen auch lieben Freunden und Bundesgenossen beim Abschiede dar. So sagt Zwinger, in seiner handschriftlichen Beschreibung der Mülhauser Bürgerunruhen vom J. 1586, in Beziehung auf die Gesandten der katholischen Schweizerkantone: „Und da sie jetzt im Abreiten waren, schenkte man den Gesandten zum Valete, St. Johannestrunk und Seegen in hohen silbernen Geschirren auf freyer Gasse ein." Petri, S. 424, berichtet ebenso: „Sant Johans trunckh vnnd sägen (wurde mit den eibgenössischen Gesandten) auff der gaßen getrunkhen." Daß derselbe auch zu seiner Zeit, am Ende des 15. Jahrhunderts, als Scheidetrunk üblich war, sagt Sebastian Brant:

> „Darnoch es an ein scheiben got,
> Des ist ein frischer trunck der bot...
> Von gwonheit blibts nit underwegen,
> Eym jeden gibt man Sant Johans segen."

---

[1] Einen andern Ursprung davon gibt der Franziskaner Johannes Pauli, in seinem merkwürdigen Buche „Schimpff und Ernst", Augsb. 1535, Fol. 89 b: „Wie sant Johans segen auff ist kummen." Man findet die ganze Legende in der Alsatia f. 1851, S. 176—178.

Oft sandte man sich denselben auch, als Zeichen der Liebe und Freundschaft, aus der Ferne zu. Dies that also die Wittwe des Crescentius, welche Kaiser Otto III. vergeblich bestimmen wollte sie zu heirathen: „Da sie aber an dem Heurat verzweiffelt," sagt Bernhard Herzog, in seiner Edelsässischen Cronik, „schicket sie in gestalt voriger Lieb (Ottoni) St. Johanns Segen, 1002."

Elsässische Absagebriefe

aus dem Ende des 15. Jahrhunderts.

Die Selbsthülfe, entweder durch Kampf, Raub, Pfändung oder Brandstiftung, reicht in die Zeiten hinauf, wo das öffentliche Recht auf schwachem Grund beruhte und die öffentliche Gewalt, die es handhaben sollte, dazu unmächtig war. Sie ist uralt, denn sie geht in die Kinderjahre der Völker hinauf die jetzt an der Spitze der Gesittung stehn. Mit dem Schwert in der Hand, trieb ein Volksstamm den andern aus seiner Gemarkung; mit dem Schwerte trieb der Einzelne den schwächern Nachbar aus seinem Besitze. Fehdelust drang von den Höchsten zu den Hohen und von diesen zu den Niedern und Niedrigsten hinab. Vergebens waren alle Mittel sie ganz auszurotten; man mußte sich damit begnügen sie zu mildern, zu beschränken. Dieß geschah durch den im 11. und 12. Jahrhundert, von Frankreich ausgegangenen Gottesfrieden, trêve de Dieu, den verschiedene französische Kirchenversammlungen geboten. Sonntags, Freitags und Samstags, sollte es keinem erlaubt sein, Fehde zu führen, ebenso wenig in den heiligen Zeiten. Kirchen, Klöster, Pfarrhöfe, Krankenhäuser, Gottesäcker, daher Friedhöfe genannt, durften nicht angegriffen werden.[1] Der Geistliche in seiner Amtsverrichtung,

---

[1] Vgl. „Das alte Alemannische Recht" bei Schilter-Königshoven, S. 656; 660.

der Bauer auf seinem Felde, Frauen und Kinder sollten gefriebigt sein.

Aber auch wenn die Fehde erlaubt, wenn das Faust- und Kolbenrecht in jenen gesetzesschwachen Zeiten geübt werden konnte, sollten, bei Verlust der Ehre, gewisse Formen beobachtet werden. Der Widersacher den man besehden wollte, mußte davon, wenigstens drei Tage vor dem Angriffe, in Kenntniß gesetzt werden, um sich verantworten oder zur Vertheidigung rüsten zu können.

Er erhielt den Fehde- oder Absagebrief. Das Verfahren selbst nannte man Absagen, diffidare, Treue und Frieden auskündigen. Der Brief enthielt, nebst der Ursache der Fehdeerklärung, oft die Mittel die man anwenden wollte: „nome (Raub) brandt oder tobtschlag." (Straßburg 1493);[1] auch vergaß der Schreiber niemals, beizufügen, er erkläre, „zu Verwahrung seiner Ehre," daß er und die Seinigen, „seiner Gegenpart, deren Helfern und Helfershelfern, Knechten und Zugethanen offentlicher Feind sei,[2] und sie hiemit verwarnt haben wolle."

Oft kam es vor, daß Einer der durch die Insassen einer Ortschaft beeinträchtigt wurde, die ganze Gemeinsame für den Schaden verantwortlich machte und ihr Fehde ankündigte. Ich muß, für diesen Charakterzug unsres Gegenstandes, nachfolgenden Absagebrief aus Cl. Th. Gemeiner's, Regensburgischer Chronik mittheilen.[3]

„Ihr Herren zu Tegernheim,[4] ich thu euch zu wissen, als ich mein Gut durch euch verloren habe, und die Euren mein Gut haben genommen, 50 fl. an Geld und geldswerth, und

---

[1] Mülhausen, 1467.
[2] „offrehter, rebelicher, abegesagter vynt." (Oswald Frank, 1494).
[3] S. Scheible's Kloster, geistlich und weltlich, Bd. VI, S. 169.
[4] In Bayern.

haben mich beraubt und beschunden auf freyer Landstraß; das
haben gethan drey die in eurer Gemein seyn, die ich mit Namen
nicht finden kann; und dabei sein gewesen zwei von Swabelweis, und den habe ich geschrieben, der ganzen Gemein, so ist
mir kein Antwort worden. Darum sey euch **abgesagt, allen
den von Tegernheim, (euch) anzugreifen mit Rauben und mit
Brennen**; weil (so lange) ein Stecken steht, sollt ihr kein Fried
haben vor mir, weil ihr mir mein Gut nit wieder gebt, ihr und
die von Swabelweis. Swabelweis will ich abbrennen bis auf
den Grund. Wer mir aber mein Feind zu suchen vorhalten, er
sey Edel oder unedel, den will ich's nit nachgeben.

„Veit von Guteneck   Ruprecht Holzenfelber,
                                  zum wilden Mann."

Es ist schon bemerkt worden, daß ohne vorherige Zusendung
eines Absagebriefes, jeder Angriff als ehrlos und reichsver-
rätherisch galt. Der hierin bestehende Schutz hieß der **Landfrieden**; er wurde 1187 von Friedrich I. auf dem Reichstage
zu Nürnberg befohlen. Im Elsasse bestand derselbe zwischen dem
Bischof, den beiden Landgrafen im untern Elsaß, den Städten
Straßburg, Hagenau, Kolmar, Schlettstadt, Ehenheim, Roßheim, Mülhausen, Türkheim und Münster. Er wurde zuerst den
20. Mai 1343 beschworen. Das Gebiet, in welchem er gehand-
habt werden sollte, begann zwei Stunden oberhalb Mülhausen
und erstreckte sich den Rhein hinab bis nach Selz. Auf dem
rechten Ufer begann es bei Kenzingen und gieng bis an die
Dos; auf beiden Seiten dehnte es sich bis an die Schneeschleife
aus. Der Landfriede sollte bis zum Martinstage 1345
dauern, wurde aber später mehrere Male erneuert und erhielt
kaiserliche Bestätigung.[1]

---

[1] Strobel, Elsäss. Gesch. II, 239—240.

Im Jahr 1349, in einem am Sonntag nach St. Ulrich, zu Frankfurt a. M. gegebenen Briefe, befahl Kaiser Karl VI., den „in den Landfriten gehorenten" Städten Straßburg u. s. w. die Verfolgungen gegen die Juden, „vnser Kamerknecht" einzustellen.[1]

Den Fehdelustigen war es ferner untersagt kaiserliche oder andere neutrale Burgen anzugreifen, ebenso fremde Häuser. Es war dieß der Burg- und der Hausfrieden.

Der Absagebrief wurde gewöhnlich mit dem Insigel des Zusenders versehen und von ihm und seinen „Helfern" unterschrieben, in so ferne sie des Schreibens kundig waren. Höchst naiv schließen die Helfer Cunrat Küfer's von Bondorf, auf den wir zurückkommen werden, ihren Absagebrief an die Stadt Mülhausen, vom Montag vor St. Gallen-Tag 1467 mit den Worten: „vnd beß zu urkundt versigelt mit einem Crützer, denn wir nit eigen Insigel haben." Auch im zweiten „uff aller Seelentag" desselben Jahrs gegebenen Briefe heißt es: „vnd zu aller urkunden versiglen wir den (brief) mit einem kritzer vnd wir nüntzmol (nun zumal, jetzt) kein eigen Sigel haben.[2]

Die Absagebriefe, wenn sie von fürstlichen Personen, Rittern, Städten, ausgiengen, wurden durch Herolde, Edelknaben oder deren Boten überreicht. Diese letztern, wie auch Privatleute, begnügten sich oft damit, sie an das Thor, den Grendel oder Thorpfosten zu stecken.[3] So fand man Cunrat Küfers ersten Brief und den ersten seiner Helfer, zu Mülhausen, vor dem

---

[1] S. den Text des Briefes bei Schilter-Königshoven, S. 1051 und 1052; vgl. Alsatia 1860, S. 332—334.

[2] Das Siegel von Wachs mit einem Kreuzer eingedrückt, befindet sich noch am Briefe. S. Math. Mieg, Gesch. von Mülhausen, und das Stadt-Archiv.

[3] Vgl. Elsäss. Samstagsblatt, 157, S. 2.

Baselthore; den zweiten von Küfers Helfern „in Troubachs
Capellen vor dem Baselthore." Oswald Franck's Brief fand man,
nachdem er Bischof Albrechts, von Straßburg, Scheunen und
Ställe vor dessen Schlosse zu Bischofsheim eingeäschert, an einer
Stange befestigt.

Nicht nur Absagebriefe, auch gerichtliche Vorladungen
konnten auf diese Weise geschehen. Sind die Gerichtsboten verhindert die Botschaft gehörig zu verkünden, „so mugent sie, sagt
Wenk in seiner Hessischen Geschichte,¹ den brief an die
porten, da dan sin wonunge ist, stecken und henken oder
unter der porten instoizen (einstoßen), und hant damit ir
botschaft recht und rebelichen verkundiget."

Vehmboten durften, während sonst alle Ladungen bei Tag²
geschehen mußten, solche in der Nacht verrichten; sie steckten
den Brief mit einem Königspfennig in den Thorriegel,³
nahmen drei Kerbe aus dem Rennbaum zur Urkunde mit sich
und riefen dem Burgwächter zu, daß sie seinem Herrn einen
Brief gebracht und in den Grendel gesteckt hätten.⁴

Bernhard Herzog gibt in seiner „Edelsasser Chronik,"
namentlich im fünften Buche, mehrere solcher Absagebriefe oder
einzelne Stellen aus denselben.

Einer der ältesten, die mir aus unserm Lande bekannt sind, ist
das Schreiben des bereits erwähnten Cunrat Küfer's von Bondorf an Bürgermeister und Rath der Stadt Mülhausen, das
„Anno 1466 Sontag vor Mariä Empfängniß 8 Decembris
vor Baselthor steckend funden worden;" ferner zwei Absagebriefe

---

¹ Nr. 298, S. 302, zum Jahr 1325; Citat in J. Grimm's deutschen
Rechtsalterthümern. 2. Aufl. S. 845.
² Bei Sonnenschein; ehe die Sonne untergeht u. s. w. heißt es in den
Formeln. Grimm, S. 815.
³ Vgl. Elsässisches Samstagsblatt 1857, S. 3.
⁴ Wigand, Westphäl. Archiv, S. 510; Citat bei Grimm, S. 8.

von Cunrat's Helfern vom Jahr 1467. Im ersten nennen sich: „Hanns Schluch von Almutt, Cunrat Groß von Vilingen, Caspar von Schwaningen und Hanß Fry von Niedern Baben;"¹ im zweiten erscheinen: „Hans Friedrich von Farnou, Heinrich Meiger, Peter Nyemantsfrint von Zabern, Claus Coler vnd Werlin von Vich, Hanns Betz von Fribbingen, Schol von Maßmünster, Diebolz von Sindelfingen, Casper Fry von Hestet," — wie sich's vermuthen läßt, sämmtlich rauf- und beutelustigen Gesellen, die wenig zu verlieren hatten und viel zu gewinnen hofften.

Da die Briefe in Mieg's Geschichte der Stadt Mülhausen Band II, S. 80—82 abgedruckt sind, so genüge hier ein kurzes Wort über die Ursache dieser Fehde, die ein einfacher reisiger Knecht, von feindseligen Rittersleuten gereizt, der Stadt Mülhausen zu machen sich erkühnte.

Kaum war Mülhausen vom Ueberbrange des Vehmgerichts befreit, so fand noch in bemselben Jahre 1465, da die Ausgleichung zwischen der Bürgerschaft und dem Adel und den Achtbürgern zu Stande gekommen war, ein unruhiger Ritter, Peter von Regisheim und Herr von Brunnstatt,² eine erwünschte Gelegenheit, altem Familiengroße wider die Stadt Luft zu machen.

Er trat in die Rechte eines Müllerknechtes, Hermann Klee's, der von seinen ehemaligen Meistern Hans Beck und Werner von Tübingen, einen rückständigen Liblohn von sechs Basler Plapharten begehrte.

Der Bürgermeister, an welchen Klee die Sache brachte, schob die Schlichtung auf. Peter von Regisheim aber nahm sich des Klägers, der der Stadt absagte, an, zog noch andere Adeliche

---

[1] Baden-Baden, im Gegensatz zu Oberbaden in der Schweiz.
[2] Vergl. Petri, Mieg, Graf; — auch Etterlin's Schweizer-Chronik.

in den Streit und es kam bald zu blutiger Fehde, Plünderungen und Brandstiftungen, die bis ins folgende Jahr fortdauerten.

Hermann Klee wurde in dem, Peter v. Regisheim zugehörigen Raubschlosse Hohen-Egisheim erstochen und letzterer zu einem für Mülhausen ehrenvollen Frieden gezwungen. Er hatte der Stadt für zugefügten Schaden 825 Gulden zu bezahlen; beiderseitige Gefangene sollten ohne Entgelt losgelassen werden.

Unter diesen Gefangenen befand sich Cunrat Küfer, Hans Erhards von Maßmünster reisiger Knecht und zugleich Leibeigener Friedrichs von Münsterol, den mehrere schweizerische Schriftsteller, namentlich Petermann Etlerlin, mit Hermann Klee verwechselt haben.

Seine Herren hatten dessen Freilassung noch vor dem Friedensschlusse begehrt, worein jedoch Mülhausen nicht willigen mochte. Jene, sowie die ihnen zugethane Ritterschaft, benutzten diesen Umstand, um der Stadt von neuem Unbill zuzuziehen.

Ein Vorwand war bald gefunden. Sobald Küfer der Haft entlassen, gab er vor, die von Richesche (Rixheim) haben ihm berichtet, Heinrich Hugo von Mülhausen habe von ihm ausgegeben, er wolle ihr Dorf in Brand stecken, „das doch nicht also war." Für die ihm angethane „schand vnd laster," forderte er nun hundert Gulden. Der Rath antwortete ihm, er könne für seine Bürger nicht bezahlen, habe er Recht, so möge er die Sache vor Gericht entscheiden lassen.

Nun sagte Cunrat Küfer den 3. Dezember 1466 der Stadt ab; desgleichen thaten, in demselben Jahre und im folgenden, mehrere „seiner Helfer." Während dieser Zeit wurde die Umgegend von Mülhausen wieder ein Schauplatz blutiger Kämpfe und Plünderungen.

Die östreichische Regierung sammt der Ritterschaft schlug sich auf Küfers Seite; die zu Hülfe gerufenen Eidgenossen, namentlich die Solothurner, halfen der Stadt. Der Krieg nahm immer größere Verhältnisse an, und erst, nachdem beide Theile bedeutende Verluste erlitten, wurde er, durch den Waldshuter Frieden, am Bartholomäustage 1467 zu Ende gebracht.

Von einem der südlichsten Punkte des Landes, von dem in jener Zeit zum elsässischen Städtebund gehörigen Mülhausen, führt uns ein ins Jahr 1493 fallender Absagebrief in das nicht mehr zu uns zählende elsässische Pfalzland.

Auf der Landauer Straße, etwa anderthalb Stunden vom Städtchen Germersheim, zu dessen Präfektur es zählte, liegt in einer der äußerst fruchtbaren Niederungen der Queich, das gegen 2000 Einwohner zählende, stattliche Dorf Zeiskam, dessen Samenhändler den untern Theil des Elsasses und die ganze Pfalz mit ihrer Waare durchziehen. In einer Urkunde von 1248 heißt es Zeistenheim; 1364 Zeysenkeim;[1] bei Schöpflin[2] Zeisheim. Vor wenig Jahren noch standen, auf der östlichen Seite des Ortes, auf dem katholischen Kirchenplatze,[3] die Trümmer der Stammburg der edlen Ritter von Zeiskam; sie hatten, von Wall und Graben umgeben, nebst einem Hauptthurm, vier niedliche Eckthürmchen.

Aus dieser Burg schleuderte im vorgenannten Jahre 1493 ein Herr Rudolf von Zeiskam,[4] der, wie es scheint, Geldes

---

[1] Mone, Zeitschr. f. Gesch. d. Oberrheins, VI., 450, 451.
[2] Ueberf. v. Ravenèz, V, 413.
[3] Mone. — A. Becker, die Pfalz und die Pfälzer. Leipz. 1858. S. 162.
[4] Ein Rudolf von Z., vielleicht derselbe, erscheint 1457 als Richter am Probstei-Kammergerichte zu Weißenburg; er wird als der Probstei „Lehenmann" bezeichnet. In demselben Jahre kommen, als Helfer des Grafen Wilhelm von Lützelstein gegen den Grafen Friedrich von Bitsch, vor: Schaffart von Zeiskam und Engelhardt von Zeiskamm. B. Herzog, Edelsäss. Chronik. Buch V, Fol. 44; andere Ritter von Z. hat derselbe Chronikschreiber im VIII. Buche, Fol. 179—188 verzeichnet.

bedürftig, Fehdelust verspürte und starker Mithülfe gewiß war, einen Absagebrief an die Stadt Straßburg, wegen einer „Forderung," die er an sie zu machen vorgab, ohne dieselbe näher zu bestimmen. Bernhard Hertzog[1] hat uns diesen Brief erhalten; er lautet wie folgt:

„Wißt, Meister, Raht, vnd gantze Gemeinde der statt Straßburg, daß ich Rudolph von Zeißkam ewer vnd aller der eweren feind, auch der jenigen so euch zuversprechen zustahn, feind seind will, mit samt meinen gebotten Knechten, vmb spruch vnd forderung die ich zu euch habe, vnd wo jhr oder die eweren, oder die euch zuversprechen zustohn, solcher vheede (Fehde) einichen schaden nembt, es were mit Rome (Wegnahme, Raub), Brandt oder Todtschlag nichts außgenommen, wolten ich vnd meine Knecht vnsere ehre nach aller notturfft mit diesem Brieff hiemit genugsamlich bewaret haben, vnnd ob ich oder meine Knecht einicherley bewarung mehr bedörfften, wolten wir hiemit auch gethon haben, vnnd euch, oder jemands von ehren oder Rechts wegen nicht schuldig oder pflichtig sein zu antworten.

„Geben vnder meinem zu der schrifft fürgetruckten Insigel, vff Freytag nach Sebastiam Martyris[2] Anno Domini 1493.

Die Stadt Straßburg, welche von einem Guthaben an Rudolf Zeißkam nichts wissen wollte, erließ hierauf folgendes Antwortschreiben:

„Wir Wilhelm Böcklin Ritter, der Meister, vnnd der Rath zu Straßburg haben gesehen, wie du Rudolph von Zeißkam vns geschrieben hast, du wöllest vnser vnnd aller der vnseren, vnd die vns zuversprechen zustohn, feind sein mit sampt deinen gebotten Knechten, vmb spruch vnd forderung die du zu

---

[1] Ebels. Chron. B. VIII, Fol. 141 und 142.
[2] 20. Jänner.

uns habest, sollich dein schreiben vns an dich befrembdet, vnnd können nit verstohn, das dir solches dein fürnemmens erfordert hast, weder schrifftlich noch mündlich. Wie dem so begeren wir an dich solcher deiner vnbillichen feindschafft ab zustehn, vnnd ob du dann meinen wilt einicherley forderung an vns zuhaben, darumb erbietten wir vns gegen dir zu recht, für unsern gnebigsten Herren von Mentz, für vnsern gnebigsten Herrn den Pfalzgraffen, für unsere gnebige Herren, Hertzog Alexander Graffen zu Velbentz, den Marggraffen zu Baden, den Bischoff zu Speyr, den Hertzogen von Wirtenberg ahn der ende eine, welches dir gelegen ist, vnnd begeren beß dein verschrieben antwort,

„Geben off vnser Frawen abendt der Liechtmeß Anno 1493"

Die Chronik schweigt über den Ausgang der Sache; wahrscheinlich kam es nicht zur Fehde, sonst hätte es Hertzog, welcher derselben manche erzählt,[1] seinen Lesern nicht vorenthalten. Auch bei andern vaterländischen Geschichtschreibern geschieht derselben keine Meldung.

Einer der heftigsten Absagebriefe, die vielleicht je geschrieben wurden, fällt in das Ende des 15. Jahrhunderts. Er ist von einem Edelknechte, Oswald Franck, an den Bischof Albrecht von Straßburg, Pfalzgrafen am Rhein und Herzog in Baiern (1478—1506) gerichtet, der ihm angeblich das Seine genommen, „wider got, ere und reht (Recht) vnd one alle ansproch."

Nachdem der erbitterte Gegner des Bischofs Scheunen und Stallungen vor dessen festem Schlosse in Bischofsheim nebst einem Theil des Dorfes Samstags vor Lichtsmeßabend 1494

---

[1] Auch Zwinger von Königshovens Chronik gewährt, in vielen Stellen, einen tiefern Einblick in das Treiben des kampflustigen, raufseligen elsässischen Adels.

in Asche verwandelt hatte, fand man an einer Stange folgenden
Fehdebrief befestigt:

„Ich Oswalt Franck, des bischoffs von Straßburg
offrechter (aufrichtiger), rebelicher, abegesageter vynt,
Ime vnd allen den sinen Bekenne vnd tun kunt allen (den-
jenigen welche) diesen brieff lesen oder hören lesen, das ich han
biß dorff verbrant vnd tun verbrennen. Ich tun kunt allen den
disen brieff lesen oder hören lesen, das ich nit wil offhören
brennen alle dwile (so lange) das mir der bischoff nit wider
git das min das er mir genommen hat wider got vnd ere vnd
reht vnd one alle ansproch durch sinen verreter vnd fleischverköuffer vnd strossenrouber, mit nammen (nemlich) durch Heinrich Hunt, vogt zu Gugenheim[1] sinen tochtermann — Vnd
darumb lieben fründe, wöllent Ir fürbaß vor größerm schaden
vnd costen sin, mögent Ir den verreter vnd fleischverköuffer vnd
strossenrouber darzu halten das er mir das min wider gebe das
er mir genommen hat wider got, ere vnd reht, one alle ansproch,
In nammen sins gnebigen herren vnd siner frowen des pfaffen
tochter zu hoffieren. Doch spricht man alwegen kein basthart vnd
pfaffenkint die tunt selten gut, das sich wohl bewiset an dem
basthart vnd pfaffenkint vnd des pfaffen tochterman. Der
herzewige ritt gange sie beide an,[2] vnd muß Ine nyemer
mer abegän biß ich mein gelt wider han.

„Oswalt Franck."

---

[1] Im Rochersberge, Kanton Truchtersheim.

[2] Der Ritt, Ritten, Jaritt, Jähritten, Herzjaritten u. s. w.
wobei unser elsässisches Zeitwort ribere, ribere un zittere, zu beachten, war
ein im 14., 15. und 16. Jahrhundert besonders verbreitetes pestartiges
Fieber, das die Leute schnell, jäh, ergriff und hinraffte, daher Jähritten,
Jahritt, Jaritten, (wie Jähzorn), was Scherz-Oberlin, Glossar, fol. 724
unrichtig erklärt durch «febris quæ annum (Jahr) durat.» Es hatte
zwei Hauptstadien und begann gewöhnlich mit Frost, Rittenfrost, Kaltweh
(Seiler), Fieberschauer; hierauf folgte Hitze, Rittenhitz. Aus der Legenda

Zum Verständniß einiger in diesem Briefe vorkommender Anklagen wider Bischof Albrecht müssen wir den seiner Kirche treulich zugethanen, aber die Mißbräuche, ohne Ansehen der Person, freimüthig und derb rügenden Priester und Chronikschreiber Matern Berler von Ruffach (wahrscheinlich im Jahr 1487 geb. und etwas nach 1546 gestorben), zu Rathe ziehen. Nach ihm war Albrecht „ein senfftmutig, fridsammer und demütiger man," ohne allen Ehrgeiz noch Herrschsucht. Oft äußerte er: er ließe sich gerne den kleinen Finger seiner linken Hand abhauen, wenn er noch Dompropst sein könnte und das Bisthum nicht angenommen hätte, „dan besser wer geregirt werden, dan regiren."[1] Es war ihm ernstlich darum zu thun, die in seiner Diözese eingerissenen Mißbräuche zu verbessern; „er fieng an," sagt Berler, „syn pristerschafft zu visitiren, aber solchs gutt werck ward durch teuffels list verhindert; — er hielt ein versamlung aller pryster synes bisthumpts, aber solche reformatz was umb sust, niemantz wolt gestrafft syn, das houpt was schwach und hett vil boiser geliber."[2]

Um die von einem seiner Vorgänger, dem hoffährtigen, verschwenderischen und streitsüchtigen Wilhelm von Diest, verpfändeten bischöflichen Schlösser und Güter einzulösen, hatte

---

Sanctorum ad 2 Kalend. Junii, erfahren wir, daß die h. Patronilla dagegen angerufen wurde: «man eret sie gerne für den *ritten*, wan (denn) unser herre tuot viel zeichen durch ihren willen.» — Daß dich der Ritt schütt!.(schüttle)" u. s. w. waren in jenen Jahrhunderten, und noch im 18., gemeine Verwünschungsformeln, die in unsern elsässischen Schriftstellern häufig vorkommen. Ich habe deren viele gesammelt aus Zwinger von Königshoven, Geiler von Kaisersberg, Johann Pauli, Thomas Murner, Moscherosch und Fischart. S. meinen Aufsatz darüber in: Dr. *Karl Frommann's* Vierteljahrsschrift: die deutschen Mundarten, 1859, S. 1 u. f.

[1] M. Berler's Chronik, im Code diplomatique de la ville de Strasbourg, I, 95.

[2] Ebendas. S. 97.

Albrecht vom Papst Sixtus IV., nebst dem Rechte von jeder ledigen Pfründe ein Jahr lang das Einkommen zu behalten, auch die Ermächtigung erlangt, gegen eine verhältnißmäßige Geldsumme' den Genuß von Butter während der Fastenzeit zu erlauben. Aus dem Ueberschusse ließ er Büchsen² Kanonen, gießen, welche vom Volke spottweise Ankenbüchsen, oder Butterhäfen³ genannt wurden.

Zwei seiner schwachen Seiten, die auch Oswald Frank in seinem Absagebrief nicht unerwähnt läßt, bestanden, nach Berler, darin, daß er das Geld geliebt und Kinder gehabt habe.⁴

Mit Meister und Rath in Straßburg, sowie mit sämmtlicher Bürgerschaft stand Albrecht im besten Verhältnisse. Man ehrte seine Aufklärungs- und Reformversuche, seine Duldung, die er z. B. dadurch bethätigte, daß er das bischöfliche Gebiet den daraus vertriebenen Juden wieder eröffnete; ferner daß er dem von seinem Vorgänger 1478 ernannten berühmten Domprediger Geiler von Kaisersberg die vollste Freiheit ließ, von der Kanzel herab, die Gebrechen und Mißbräuche der Geistlichen und Laien seiner Zeit zu strafen.

Das gute Vernehmen, in welchem er zur Stadt Straßburg stand, machte auch, daß dieselbe sich seiner annahm wider die heftigen Angriffe des Junkers Franck, der durch einen Rathbeschluß vom Montag nach dem Feste der Geburt Mariä 1494 in die Acht erklärt wurde. Demgemäß ward jedem Bürger, Hintersaß und Zugewandten bei schwerer Strafe verboten, denselben bei sich aufzunehmen, zu speisen, zu tränken oder ihm sonst Vorschub zu leisten. Dieses Verbot wurde der Bürgerschaft

---

[1] „nach eins idlichen vermuglichleit." S. 94.
[2] Berler, S. 94.
[3] B. Herzog, Chron. B. IV, S. 114.
[4] „vnd hett gelb liep. dar zu auß blodikeit hatt er kynder gehebt." S. 97.

am nachfolgenden Mittwoch öffentlich bekannt gemacht und ausgerufen. Es lautet also:

„Als ein knecht genant Oswalt Franck, mit unserm gnedigen herrn von Strasburg in offener vehde und vintschafft stät, so habent unser herren Meister und rät und die XXI erkannt, das dehein (keiner) der stat Strasburg burger, hintersehß oder verwanter, es sient (seien) manne oder frowen, den obgenannten Oswalt Franken husen, hofen, enthalten, eßen oder trencken, oder beheynen fürschup un sol, und wer das darüber tete und sich das kuntlich erfünde, den wil man an lib und gut darumb stroffen. Do wisse sich menglich noch zu rihten. Decretum post nativitatis Marie anno XCIII° (1494. Proclamatum quarta post nativitatis Marie.»[1])

Dieses Verbot wurde in demselben Jahre 1494 gegeben, in welchem Kaiser Maximilian I. den zehnjährigen Landfrieden um drei Jahre verlängerte. Allein das um jene Zeit auf das Aeußerste getriebene Faust- und Kolbenrecht, die maßlose Fehdelust der Edelleute, die Frechheit mancher Raubgenossenschaften, die schon früher einige Bundesgenossenschaften, wie den schwäbischen Bund, die St. Georgen- und die Löwengesellschaft hervorgerufen hatten, machte kräftigeres Einschreiten nöthig. Im folgenden Jahre schon errichtete daher Maximilian, auf dem Reichstage zu Worms, den ewigen Landfrieden oder Reichslandfrieden, wodurch jeder, der denselben brach, in die Reichsacht erklärt und außerdem um 2000 Mark löthigen Goldes gebüßt wurde. Das Reichskammergericht zu Speyer hatte über dessen Aufrechthaltung zu wachen. Bis in die Mitte

---

[1] S. (Ludwig Schneegans) Straßburgische Geschichten, Sagen u. s. w. 1855, S. 12 u. 13, wo auch Franck's Absagebrief nach dem im Archiv befindlichen Originale abgedruckt ist.

des 16. Jahrhunderts, der eigentlichen Grenze des Mittelalters, dauerten jedoch die Fehden fort und wurden Absagebriefe im Lande hin und her geschickt. Nominell wurde der Reichslandfrieden, nebst dem Reichskammergerichte, erst im Jahr 1806, mit dem deutschen Reiche selbst, aufgelöst.

Ueber einige Lieblingsspiele im Mittelalter

und die

Einführung des Kartenspiels

in Straßburg.

In ältern Zeiten, wenn äußere Kriege oder innere Händel den Bürgern dazu Zeit ließen, wurde in den Städten vornehmlich mit Würfeln gespielt, wovon die ersten Anfänge in dem uralten, schon in Kleinasien, Griechenland und Rom bekannten Knöchelspiel zu suchen sind, das bis in die Gegenwart gedrungen ist. Chateaubriand sah es leidenschaftlich von den Wilden in Nordamerika spielen. Daß es ebenfalls höchst leidenschaftlich von den alten Germanen gespielt wurde, ist bekannt. Auch das Brettspiel, „da man wiß und schwartz inne spiehlet," fand zahlreiche Liebhaber; es wird jetzt mehr Triktrack genannt und hieß im Mittelalter Wurfzabel, von Wurf und zabel, althochdeutsch zabal, ein aus dem lateinischen tabula, Tafel, verbildetes Wort. Im Renner, einem Lehrgedichte von Hugo von Trimberg, heißt es:

„Wurfzabel ich daz spil nenne
Daz vant ein ritter, hiez Alcò,
Vor Troie...." (V. 11, 401.)

Aus dem Oriente — die Chinesen wollen es schon zwei Jahrhunderte vor unserer Zeitrechnung gekannt haben — stammt das Schach oder Schachzabelspiel, das aus den

Paläſten und Ritterburgen auch in die Zunftſtuben und bürgerlichen Weinhäuſer, ſowie in die Klöſter drang und von den
Mönchen zu Ende des 12. und zu Anfang des 13. Jahrhunderts ſo eifrig getrieben worden, daß es Odo von Paris
(1197, 1208) verbot. Allein der Dominikaner Jakob von
Ceſſoles in der Picardie brachte es 1290 wieder zu Ehren,
indem er darüber ein Buch ſchrieb, worin er daſſelbe moraliſch
ausdeutete. Es führt den Titel: « De moribus hominum et
officiis nobilium super *ludo scaccorum*»,[1] das beinahe in
alle europäiſchen Sprachen überſetzt wurde. Eine hochdeutſche
Uebertragung erſchien im Jahr 1483 zu Straßburg. In freier
poetiſcher, d. h. gereimter Form, an 20,000 Verſen ſtark,
bearbeitete es, unter dem Namen Schachzabelbuch, (um
1337) der Mönch Konrad von Ammenhauſen, aus Stein im
Thurgau, der das Original an moraliſchen und myſtiſchen Aus-
deutungen noch weit übertraf und mit einer Menge von Anekdoten aus der kirchlichen und profanen Geſchichte durchſpickte.
Sehr ehrenhaft iſt bei dieſen Auslegungen die Tendenz, den
Bauern und Handwerksſtand gegen die Ritter in Schutz zu
nehmen, zu heben und überhaupt auf Erleichterung und Geltend-
machung der mittlern und untern Volksklaſſen zu bringen.

Im Jahr 1507 gab auch „der hochgelehrte Doktor Jakob
Mennel zu Konſtanz" ein höchſt mittelmäßiges Lehrgedicht über
den Schachzabel heraus.[2] Ueber deſſen Urſprung läßt er ſich
alſo verlauten:

---

[1] Gervinus, Geſchichte der poetiſchen Nationalliteratur der Deutſchen,
Bd. II, S. 163 u. f.

[2] Es iſt abgedruckt in J. Scheible's Schaltjahr, Bd. III, S. 353—365,
und 504—514; in der letztern Abtheilung befinden ſich auch die Abbildungen der Schachfiguren, wie ſie zu Anfang des 16. Jahrhunderts in
Süddeutſchland üblich waren.

„Der Menschen Weiſ' iſt etwan viel,
Die wähnen, daß diß edel Spiel
Im Krieg vor Troy erfunden wär,
Das iſt doch ganz und gar ein Mähr.

Aber in Chaldea iſt das Spiel erdacht,
Diomedes hats in Gräciam bracht,
Da das die andern Meiſter ſahen
In Griechen, ſie zuſammen jahen,

Das währ fürwohr ein kluger Sinn,
Und übten es faſt unter ihn'.
Darnach bei Alexanders Zeit,
Des Großen, kam es noch mehr weit,

Nemlich über Egyptenland,
Alſo ward es ganz wohl bekannt,
Und auf das in Teutſchland kommen,
Wie ihrs jetzt ſchon wohl haben vernommen."

Als Erfinder nennt er in den nachfolgenden Reimen „den großen Meiſter Xerſes, zubenannt Philometer," der unter „Evimerodach, dem Sohne Nabuchodonoſors" gelebt haben ſoll.

Würfel und Wurfzabel, weniger Schachzabel, wurden meiſtens um Geld geſpielt. Wer das Verlorene nicht gleich bezahlen konnte, mußte einen Bürgen ſtellen oder ein Unterpfand hinterlegen. Spielſchuldenmachen wurde, wie es ſcheint, damals nicht zu den „nobeln Paſſionen" gezählt. Auch legte ſich, für das Wohl ſeiner Bürger beſorgt, ſchon im Jahr 1385 der fürſichtige und wohlweiſe Magiſtrat der kaiſerlichen freien Reichsſtadt Straßburg dergeſtalt in's Mittel, daß er die Erlaubniß zum Brettſpiele erkaufen ließ und damit zum Theil die Ammeiſterknechte beſoldete. In demſelben Jahre beſchloß der stets väterlicher gesinnte Rath, daß das Spielgeld seinen Abfluß in den öffentlichen Fiskus zu nehmen habe.¹

Noch strenger waren die Verordnungen in Basel:

Unverbesserliche Spieler, „die da offen und verrucht Riffian* fin wellent und liegent stätes uf spil und armen varenden döchtern und kleiden sich köstlich," die wurden als Spieler den Mitbürgern kenntlich gemacht; sie wurden dazu verurtheilt, eine Zeitlang einen gelben Kugelhut ohne Zipfel zu tragen, und auf diesem Hute waren drei schwarze Würfel mit großen weißen Augen aufgenäht.³

Wenn aber auch erlaubte Spiele in den Weinhäusern und auf den Stuben gespielt wurden, Schachzabel und Wurfzabel, so mußte Jedermann, ob er auch in einem angefangenen Spiele saß, wenn man gegen das Wetter läutete, aufhören, „um daß uns der allmächtig Gott bester ehe sin göttlich gnad mittheilen und gut wetter verlihen wölle."⁴

In Straßburg, in das wir zurückkehren, ließ der Magistrat im Jahr 1362 folgendes Verbot des Spieles in geistlichen Häusern ergehen:

„Unser herren meister und rat, scheffel und amman sint überein komen, daz nieman in keins pfaffen hof,⁵ gewalt⁶ oder in irre gesellschaft, wo sie bi einander sint oder wonent, weder walen⁷ noch spiln sol noch anders beheinre hande spil⁸ triben

---

¹ Rathsordnung von 1385, Strobel II, 437.
² Sonst gewöhnlich Ruffian, Ruffianer, ital. ruffo, ruffiano, franz. ruffien, Lotterbuben, Gelegenheitsmacher u. dergl.
³ Dr. Fechter, in der Schrift: Basel im 14. Jahrhundert, 1856, S. 52.
⁴ Ebendas.
⁵ Curia claustralis, abgeschlossener Wohnsitz.
⁶ Immunitäts-Bezirk.
⁷ kegeln.
⁸ keinerlei Spiel.

ober tuon, daz den pfenning treffen¹ ober geschaben mag, ane alle geverde, wer daz brèche, der bessert fünf pfunt..."

In früherer Redaktion, aber von späterer Hand durchgestrichen, folgte hierauf:

„....wol mag jebermann in sinre gesellschaft da er höret, wurzabel (sic!) ober schachzabelspil tuon umbe einen pfenning verbotten,² zwene zuo slehten gebotten³ und nüt höher bi der vorgeschriben pene. Doch mag jebermann in sinre gesellschaft wol walen und gat das bis gebot nüt an."⁴

Gegen diejenigen, welche in den Spielverboten zu streng verfahren wollen, läßt Johannes Pauli, der Franziskaner Lesemeister in Thann, einen Rathsherrn in einer Stadt am Rheine, folgendes sagen:

„Dye burger kommen selten zuesamen, vnd wan sie zuesamen kommen, was sollen sie sunst thuon, dann das sye etwan umb die ürten⁵ in dem bret spilen, oder inn der karten vmb ein pfenning. Verbieten die grossen spil, vnd die grossen schwür, vnd den wuocher, fürkauf vnd ehebruch, deren jr wol kundtschafft haben, vnd lassen die kleinen spil die man vmb kurtzweil thuot bleiben..."⁶

Schon fünf Jahre vor gemeldetem Rathsbekret, Anno 1380, waren die ersten Kartenblätter, vom Südwinde getrieben, über Straßburgs Wälle und Thürme geflogen. Die Zigeuner,

---

¹ das den Pfenning betrifft, d. h. um Geld gespielt wird.
² setzen.
³ zu einfachen Einsätzen, enjeu.
⁴ Mone, Zeitschrift für die Geschichte des Oberrheins, Bd. VII, S. 63 und 64.
⁵ Irten, Zeche.
⁶ Schimpff vnd Ernst, Von den spilern, Fol. LXX. (Druckort und Jahreszahl kann ich nicht angeben, da in meinem Exemplare das letzte Blatt ausgerissen ist).

denen sonst genugsam aufgebürdet wird, sollen auch diese losen Vögel in's Land gebracht haben, deren Eier sie aus Asien oder gar aus Afrika mitgeführt. So lautet die mittelalterliche Sage.

Die ältesten geschichtlichen Nachweise gehen nach Italien, das mit dem Kartenspiele zuerst Deutschland, sodann Frankreich und Spanien beglückte. Im Jahre 1299 sind daselbst die ersten Karten gemalt worden.

Daß sie bereits im Jahr 1300 in Deutschland bekannt waren, sagt ein 1472 gedrucktes Buch, „das Gûldin Spiel" betitelt.

In Basel erscheinen die ersten Karten im Jahr 1377.[1]

Nicht in Deutschland erfunden, — wie es der Verfasser eines Aufsatzes über die „Erfindung des Kartenspiels" im straßburgischen Bürgerfreund versichert,[2] — aber daselbst sogleich eingeführt und mit deutschen Namen belegt, wurden die Karten, und als ältestes Spiel erscheint der Landsknecht, der als lansquenet, wie er noch jetzt heißt, nach Frankreich übersiedelt.

In Straßburg wurden die Karten zuerst in den Trinkstuben der Adelichen eingeführt und drangen von da in die Zunftstuben der Handwerker und bis in die untersten Volksschichten. Unsere Vorfahren nannten die Karten Briefe, und noch jetzt hört man manchmal den Ausruf: „Diß sin schlechti Brief!" — „Diß sin schéni Brief!"

Die Sitte wuchs je mehr und mehr, so daß, wie Specklin in seinen chronologischen Aufzeichnungen sagt, die straßburger Maler genug zu thun hatten, Spielkarten zu zeichnen und zu malen; — und zu Ende des 15. Jahrhunderts klagt Seb. Brant im Narrenschiff:

---

[1] Dr. Fechter, l. c.

[2] Bürgerfreund, Straßb. 1776, I. 180. Die vier Farben waren: Schellen (Eckstein), Roth (Herz), Eicheln (trèfle), Grün (pique).

> „— tag vnd nacht spyelen vnd rassen
> Mit karten, würsslen vnd mit brassen
> Die gantz nacht, vß vnd vß sie sässen
> Das sie nit schlyeffen oder ässen."

Die Obrigkeit sah sich im Jahr 1382 gezwungen, dem Unwesen zu steuern und das Kartenspiel bei schwerer Strafe zu verbieten.

Das Vergehen wurde noch strenger geahndet, wenn es an Sonn- oder Festtagen geschah. Specklin hat dafür folgende Fälle aufgezeichnet:

Im Jahr 1467 wurde ein Stadthauptmann, weil er es geschehen ließ, daß zwei seiner Untergebenen am grünen Donnerstage Nachts mit Karten um Geld spielten, mit den Spielern an das Halseisen gestellt, mit der Ueberschrift ihres Verbrechens.

Im Jahr 1476 wurde ein Weber, Mathias von Wirschen zum Thurm,[1] weil er am Charfreitag mit Würfeln um Geld gespielt, an das Halseisen gestellt und mit Ruthen zur Stadt hinausgehauen.[2]

Von einem Ritter, der am Charfreitag Brett gespielt, berichtet Geiler von Kaisersberg: „Es sei ihm ein Aug auf's Brett gesprungen."

Verschiedene Verordnungen der „Herren Meister und Einundzwanziger," die in demselben Jahrhunderte mehrmals erneuert wurden, so in den Jahren 1487, 1498, 1499 und 1500 beweisen, daß die Leidenschaft des Spiels auch zu jenen Zeiten in Straßburg tief eingewurzelt war und es Noth that, derselben auf gesetzlichem Wege Einhalt zu thun. Der Beschluß vom Donnerstag nach Martini des J. 1487 lautet wörtlich also:

---

[1] Weyersheim zum Thurm, im Kochersberg.
[2] S. Silbermann, Merkwürdigkeiten des ehem. Elsasses, S. 89 und 94.

„Unser herren meister vnd die XXI haben erkant vnd geordnet:

„Es soll fürter nyemans vff beheiner¹ trinckstuben oder geselschafften, beheinerley spil thun, noch dem die nünerglock vßgelütet wurt, die man ouch ein vierteil einer stunden völliclich lüten vnd vff die zehen vngenerlich² vßgelütet sin sol. Vnd sol ein yeglicher houptkann³ durch sich oder sin knecht wann man die glock lütet die gesellen vff der stuben warnen vnd inen sagen das man die glock lüte. Vnd wer darüber funden wurde spilen, wellicherley spile das were, ist der ein burger, so soll man ine gebencken⁴ vnd der sol bessern xxx schilling, were er aber nit ein burger, git der sicherheit⁵ für die xxx schilling pfennig, wol vnd gut, were des nit so soll man ine in den turn leigen biß das er die xxx schilling pfennig git.

„Ouch so sol dehein houptkanne oder knecht vff beheiner stuben oder yemans anders den selben spilern, noch dem die glock vßgelütet wurt, weder liebt, würffel noch karten geben zu spylen by iij pfunt pfennige.

„Were ouch das yemans funden würde spilen noch mitternacht, der soll bessern v pfunt pfennige.

„Man wil ouch ernstlich hut haben daruff war zu nemmen, vnd wa sie erfindent das hie wider geton wurde, sollichs zu rügen vnd für zu bringen das semlich⁶ besserungen nyemans faren gelossen werde.

„Wann ouch der stett knebt oder die, den sollichs empfolhen wurde, bedubte⁷ das vff eynicher stuben sollich spile vnd

---

¹ keiner.
² ungefähr, etwa.
³ Wirth auf einer Zunftstube.
⁴ strafen, s. *Scherz*, Glossar fol. 489.
⁵ So gibt derselbe Sicherheit, leistet Bürgschaft.
⁶ solche.
⁷ däuchte; wenn er vermuthete.

vnordentlich wesen were noch der nüner glocken, vnd man sie noch irem anklopffen nit in lossen wollt, do sollent die selbe daran schulde hettent, besserrn x pfunt pfennige.

„Ouch sol man die ammeisters kneht vnd andere der statt knehte besenden vnd inen ernstlich benelhen[1] by iren eiden vff semlich dinge war zu nemmen, vnd die zu rügen vnd für zu bringen den süben̄en die abe vnfugen rihtent,[2] vnd sol inen von der besserung[3] von yeder personen die gebessert wurt, v schilling pfennige werden.

„Rete (Räthe) vnd XXI habent dis erkant vnd zu gelossen quinta post Martini LXXX septimo.»'

Ein bis in die neueste Zeit beliebtes Kartenspiel ist das Piket. Ueber dessen Entstehung und Bedeutung gibt der oben-erwähnte, unbekannte Verfasser im Bürgerfreunde folgende interessante Aufschlüsse:[5]

Im Jahr 1676 wurde eine Komödie in fünf Aufzügen von Thomas Corneille, „der Triumph der Damen" betitelt, aufgeführt, welche nicht gedruckt worden ist; die Zwischenakte bestunden aus dem Ballet des Piketspiels. Zuerst erschienen die vier Buben mit ihren Spießen, um Platz zu machen; darauf kamen die Könige und hielten die Damen bei der Hand, denen vier Sklaven die Schleppe trugen: der erste Sklave stellte das Ballspiel, der zweite das Billard, der dritte das Würfelspiel, der vierte das Triktrak vor.

---

[1] befehlen.
[2] Den sogenannten Sieben Züchtern oder Polizeirichtern, die solchen Unfug zu strafen haben.
[3] Strafe.
[4] (L. Schneegans) Straßburgische Geschichten, Sagen u. s. w. 1855, S. 15.
[5] S. 291 u. f.

Die Könige, die Damen und die Buben bildeten im Tanzen Terzen und Quarten, stellten sich nach den Farben, die Schwarzen auf die eine Seite und die Rothen auf die andere, und mischten zuletzt alle Farben ohne Ordnung durcheinander.

Dieses Zwischenspiel scheint nicht neu, sondern nur die Skizze eines großen Ballets gewesen zu sein, das bei Hof unter Karl VI. aufgeführt worden und vielleicht die erste Idee zum Piketspiel gegeben hat; jedenfalls wurde es erst gegen das Ende der Regierung dieses Königs erfunden.

In den Mémoires pour l'histoire des sciences et des beaux arts, Jahrgang 1720 befindet sich eine wissenschaftliche Abhandlung über das Piketspiel. Sie wird dem Père Daniel zugeschrieben, der das Spiel, nach allen Seiten hin: symbolisch, allegorisch, politisch und historisch erläutert, und in ihm wichtige Grundsätze des Kriegs und der Kunst zu regieren findet.[1]

Nach ihm bedeutet das As eine römische Münzsorte, auch Geld überhaupt und Reichthum. Es hat im Piketspiele den ersten Rang, steht über den Königen, um zu zeigen, daß das Geld die Spannader des Kriegs, und der König, der keines hat, sehr schwach ist.

Das Trefle oder Klee, ein auf den Wiesen gemeines Kraut, ermahnt den Feldherrn, nie mit seinem Heere an solchen Orten zu lagern, wo ihm das Futter fehlen kann. Die Piques (Schaufeln, Spieße) und die Carreaux (Eckstein, Raute) deuten auf Zeughäuser, welche immer wohl versehen sein sollen: die Carreaux waren nämlich eine Art starker, schwerer Pfeile, welche man mit der Armbrust abschoß, und deßwegen so nannte, weil sie mit einem dicken viereckigen Eisen beschlagen waren.

---

[1] Bürgerfreund l. c. S. 293—296.

Coeur oder Herz zeigt die Herzhaftigkeit der Offiziere und Soldaten an.

David, Alexander, Cäsar und Karl der Große sind an der Spitze der vier Farben, weil auch die tapfersten Truppen kluge und erfahrne Führer nöthig haben.

Wenn man in einer übeln Stellung ist, in einem nachtheiligen Lager, und in der Unmöglichkeit, den Sieg zu erfechten, so muß man trachten, der bevorstehenden Verlust so gering zu machen als möglich ist. So geschieht es im Piket: Wenn unser Hauptspiel schlecht ist, wenn die As, die Quinten und Vierzehne gegen uns sind, so muß man sich vorsehen, und die meisten Blätter zu haben suchen, um Sechziger und Neunziger zu verhüten; man muß die Könige und Damen nicht allein lassen, sondern besetzt halten, um dem Kapot auszuweichen.

Auf den Karten der vier Buben liest man Ogier, Lancelot, zwei Helden aus Karls des Großen Zeiten, La Hire[1] und Hektor (nämlich Galard), zwei berühmte Kriegsleute unter Karl VII. Der Name Knecht, valet, varlet, war im Mittelalter ein Ehrenname, den die vornehmsten Herren trugen, bis sie zu Rittern geschlagen waren. Die vier Knechte oder Buben im Piket stellen also den Adel vor, wie die Zehner, Neuner, Achter und Siebener die gemeinen Soldaten.

Das Anagramm von Argine, wie die Trefledame heißt, ist Regina, nämlich die Königin Maria von Anjou, Gemahlin Karls VII. Die schöne Rachel, die Ecksteindame, war Agnes

---

[1] Da die Engländer Meister von Paris und der Hälfte des Königreichs waren, und Karl VII dem La Hire die Zurüstungen eines Ballets zeigte und ihn um seine Meinung fragte, antwortete derselbe: Ma foi, Sire, je pense qu'on ne peut pas plus gaiement perdre un royaume!

Sorel.[1] Das Mädchen von Orleans wurde unter der Figur der keuschen und kriegerischen Pallas, und Isabelle von Baiern unter der Judith, der Herzbame, vorgestellt. Das ist aber nicht die Judith der alten Testaments, sondern die Kaiserin Judith, die Gemahlin Ludwigs des Frommen, deren Lebenswandel sehr viel mit demjenigen Isabellens von Baiern gemein hatte.

Es ist leicht, Karl VII. unter dem Namen des Pique-Königs David zu erkennen. David, nachdem er lange Zeit von Saul, seinem Schwiegervater, war verfolgt worden, kam endlich auf den jüdischen Thron; aber da ihm alles glücklich von Statten ging, empörte sich Absalon gegen ihn: also war Karl VII. von seinem Vater Karl VI. enterbt und in die Acht erklärt worden, hatte hernach sein Königreich erobert, aber zu Ende seines Lebens den Verdruß, durch den schlechten und unbeständigen Charakter seines Sohnes, dem nachmaligen Ludwig XI., beunruhigt zu werden, der ihn mit Krieg angriff und ihm gar den Tod brachte.[2]

---

[1] « Charles VII s'abandonna à l'amour d'Agnès Sorel. On la nommait *Madame de Beauté.* » *Henault*, Abrégé chronolog. de l'hist. de France, T. I. p. 384.

[2] Bürgerfreund, l. c.

Die großen Jahrmärkte oder Messen
in Straßburg.

Schon die Römer hatten ihre Wochenmärkte, nundinæ, welche alle neun Tage gehalten wurden. Jahrmärkte kannten sie nicht; diese entstanden erst in der christlichen Zeit, wie es denn auch ihre andere Benennung, Messen, deutlich anzeigt.

Die ältesten waren die Kirchmessen, Kirmessen, Kirchweih- oder Kilchweihfeste, aus welch' letzterm Worte unser oberelsässisches Kilbe entstanden ist. Anfangs kamen jedoch keine Krämer und Kaufleute auf dieselben; es waren religiöse Feste, die sich an ältere heidnische schlossen und sodann für das Volk auch zu Tagen der Freude und Lustbarkeiten wurden. Merkwürdige Belege für ihren Ursprung gibt Gregor der Große, der im Anfange des 7. Jahrhunderts den Missionaren der Angel-Sachsen schreibt:

... „Zweitens, sagt man, diese Völker hätten die Gewohnheit Ochsen zu schlachten und als Opfer darzubringen; dieser Gebrauch muß bei ihnen in eine christliche Feierlichkeit umgewandelt werden; man lasse sie an dem Weihetag die in Kirchen verwandelten Tempel, so wie an den Tagen der Heiligen, deren Reliquien sich in denselben befinden, wie früher, Laubhütten um die Kirche her bauen; dorthin sollen sie ihre Opferthiere bringen, welche sie tödten mögen, nicht als dem Teufel geweihte Opfer, sondern zu christlichen Mahlzeiten, im Namen und zur Ehre Gottes, dem sie, nach dem Essen, danken sollen. Indem ihr auf diese Weise den Menschen etwas zu einer äußern Freude gewährt, führet ihr sie um so leichter dazu, die innern Freuden zu genießen."

In einer andern Stelle schreibt derselbe Pabst an seine Missionare:

„Schaffet die Mahlzeiten nicht ab, welche die Bretonen bei den Opfern halten, die sie ihren Göttern bringen, verlegt sie nur auf die Tage der Kirchweihe oder das Fest der heiligen Märtyrer: damit sie, durch die Beibehaltung einiger der groben Freuden des Götzendienstes, um so leichter bewogen werden, die geistigen Freuden des christlichen Glaubens zu genießen." [1]

Das Wort Messe, von missa,[2] wurde später nur den größern Märkten zur Bezeichnung gegeben, namentlich in den Städten, wo bei den Kirchenmessen der Hauptfesttage eine bedeutendere Menge Menschen, auch aus der Nachbarschaft herbeiströmten. Dieser Umstand zog, bei stets wachsenden Bedürfnissen und ihnen entsprechender Betriebsamkeit in Gewerben und Handel, einen lebhaftern Verkehr an solchen Orten und um solche Zeiten, nach sich.

Die ersten welche Meßprivilegien erhielten, waren Aebte und Bischöfe;[3] erst im 11ten Jahrhundert geschieht in Urkunden Meldung von Messen, die Weltlichen zugestanden wurden.[4]

---

[1] *Aug. Thierry*, hist. de la conquête de l'Angleterre par les Normands, Liv. I, année 601. Paris 1846, V. I, p. 67.
[2] Das franz. foire kommt von feriæ, Festtage. Ruhetage, her,
[3] Fries, Pfeiffergericht, S. 24 u. f. — *Wenker*, de solemnibus in Germania nundinis, p. 9.
[4] Bürgerfreund, Straßb. 1776. S. 411.

Die große Pulsader des südwestlichen und nordwestlichen Deutschlands, der Rhein, an dessen Ufern, in uralter Zeit schon, dann durch das ganze Mittelalter hindurch, bis in die Neuzeit, so manche Kämpfe und Schlachten geliefert worden sind; der Rhein, der ob der vielen Bischofssitze und Abteien, die **Pfaffengasse** genannt wurde, war auch, bereits unter den Römern schon, eine große **Handelsstraße**. Von italienischen Kaufleuten waren, nebst Gegenständen für Nahrung und Kleidung, auch die ersten eisernen Schwerter, nach Köln gebracht und an Gallier im Oberlande verkauft worden. Diese selbst hatten in Ell, dem alten Hellelus, ausgedehnte Metall=fabriken, wodurch jene Stadt so wichtig geworden war, daß, nach mündlicher Ueberlieferung, daselbst alljährlich ein großer **Markt**, zu Ehren Merkur's, gehalten wurde, worauf sich Kaufleute aus den Rheinstädten, namentlich aus Mainz und Basel begeben hätten. Thatsache ist es jedenfalls, daß der, nach und nach zum Dorfe, Dörfchen und Weiler herabgesunkene Ort noch vor fünfzig Jahren einen großen **Jahrmarkt** halten durfte.[1]

Straßburg's Lage, in der Nähe des Rheins, an der Straße von Deutschland nach Frankreich, und südwärts nach der Schweiz zu, war von jeher für den Handel günstig. Dazu kam noch das **Münzrecht**,[2] das Straßburgs Bischöfe, urkundlich seit 873 ausüben durften und das später mehrfach bestätigt wurde.

Der **Messen** Straßburgs, geschieht zuerst Erwähnung im

---

[1] S. der Hühnerbubel und der Weiler Ell. Mülh. 1869, S. 62. — Schweighæuser, Antiquit. du Bas-Rhin, Art. Ell.

[2] Ludwig der Deutsche verlieh es dem Bischof Ratalbus, in einem von Schilter abgedruckten Dokumente, Scriptores Germ. p. 111; *Schœpflin* III, S 679 und 680.

Jahr 1159, gelegentlich derjenigen, die Friedrich I. dem Kloster Altdorf, im Elsaß, gewährte. Es ist jedoch unbekannt, wer der Stadt zuerst das Recht dazu ertheilt habe. Gregor IX. gab es ihr im Jahre 1228, weil sie seine Partei gegen Friedrich II. ergriffen hatte. Schöpflin ist der Meinung, sie habe sich dieses Rechts nicht bedient, gibt aber keine Gründe dafür an.

Ein von Ludwig dem Bayer 1336 gegebenes Privilegium gestattet der Stadt Straßburg ihre Messe vierzehn Tage vor und eben so viele Tage nach St. Martins Fest zu halten.

Dieser Freiheit gedenkt Königshoven,[1] mit folgenden Worten, wobei er sich aber in der Jahreszahl irrt, da er vermuthlich die betreffende Urkunde[2] nicht zu Gesicht hatte:

„Do men zalte noch Gotz geburte M. ccc. lxxxiij. jor da wart mit des Römeschen küniges wille und gehelle[3] uffgesetzet und gemacht das men alle jor zu Stroßburg sol haben ein gefrigete[4] messe zu koufende und zu verkoufende allerhande. und die messe soll weren vier wuchen und sol sin xiiij. tage vor sant Martins nacht und xiiij. tage noch. das ist von aller Heiligen vorsire[5] unz[6] an sant Kathrinen tag."

Ludwigs Freiheitsbrief wurde 1379 durch Kaiser Wenzeslaus, und 1413 durch Sigismund bestätigt. Das folgende Jahr (8. Mai) verlegte dieser Fürst jedoch die Messe auf das Fest Johannis des Täufers, und zwar auf die Vorstellung der

---

[1] Chronik S. 285.
[2] Sie ist zuerst von Wenker in dessen Dissertation de solennibus in Germania nundinis, S. 22. gedruckt worden.
[3] Erlaubniß, Zugeständniß, davon das Neuwort einhellig, einstimmig.
[4] freie.
[5] Vorfeier, profestum.
[6] bis.

„Ersamen Bürgermeister und Räthe und Bürgere gemeinlich der Statt Stroßburg: daß Jhnen und auch den Kauflüten die dann die Jormärkte suchen und arbeiten, off Sankt Martins Tag iren Jormarkt zu halten gar unbequem seyn, wegen anderer umliegender Stätte Jormärkte willen."

Der Kaiser der nicht immer gut wirthschaftete und manchmal in Geldverlegenheit gerieth, nahm die zweitausend Goldgulden, die ihm die Stadt als Zeichen ihrer Erkenntlichkeit gab, willig an; desgleichen der Kanzler zweihundert Goldgulden, für die Ausfertigung des kaiserlichen Briefes.

Der Magistrat Straßburgs, dessen weise und besorgte Umsicht beinahe zu aller Zeit gepriesen wurde, that nun auch das Seinige, um durch diese neue Vergünstigung der Stadt Nutzen zu fördern und zur Messe je mehr und mehr Kaufleute herbei zu ziehen. Er befahl den Wirthen die Fremden höflich zu empfangen, sie gut zu halten und nicht zu überfordern. Er gab Erlaubniß zum Verkauf aller Waaren und erhob dafür nur geringe Abgaben. Vor allem war die Getreidezufuhr erleichtert. Als sonstige Waaren werden namentlich gemacht: Tücher aus Brabant, Flandern und der Lombardei; weiße und graue Tücher aus Mainz, Trier und Köln.

Acht Tage nach dem Johannisfeste wurde ein Pferderennen angestellt, zu welchem jedoch, bei zehn Pfund Strafe niemand mit einem andern als mit seinem eigenen Pferde, kommen durfte. Die Sieger erhielten ein Stück Tuch.

Als Meßvergnügen wurden auch mehrere Arten von Spielen zugelassen; es geschah dieß in einem eigens dazu eingerichteten Hause, unter der Aufsicht von Stadtknechten. Nebst Brett- und Kartenspiel, war es erlaubt den heißen

Stein zu spielen und zu waben, worüber ich keine Erklärung zu finden wußte.¹

Die kaiserliche Willfährigkeit für die getreue Reichsstadt, hatte sich auch darin bekundet, daß Sigismund, auf ihr Begehren, den Rheinzoll erhöhte, was Straßburgs Handel nicht wenig förderte. Dieser Geneigtheit für ihr Wohl, hatte er den glänzenden Empfang zu danken, der ihm den 7. Juli 1414 zu theil ward und wozu Straßburgs Frauen und Jungfrauen, bekannter maßen, das Ihrige geziemend beitrugen.

Nachdem die Kriege der Stadt mit dem Bischofe Wilhelm von Diest, die Messen fünf Jahre lang unterbrochen hatten, erklärte Sigismund in einem 1431 zu Bamberg erlassenen Briefe, daß „solch Anstehn und nicht Haltunge des ehegenannten Johrmerket keinen Schaden (an ihren Freiheiten) bringen soll." Fünf Jahre später, 1436, schränkte er die Dauer der Messe auf acht Tage vor dem Johannisfest, und acht Tage nach demselben ein.²

Die Vorliebe des Mittelalters zum Symbol, nicht nur in der Kunst, sondern und vorzüglich im Rechte, prägte sich auch bei der Feier der Johannismesse zu Straßburg aus. Nach uralter Sitte überreichte ein Nürnberger Kaufmann, im Namen seiner Vaterstadt, dem Straßburger Magistrate: ein zweischneidiges Schwert, zwei hölzerne Messer, zwei linke Falkenhandschuhe, deren jeder nur drei Finger hatte, und einen haselnen bis an den Handgriff geschälten Stab. Dagegen erhielt der Gesandte einen Ablieferungsschein,

---

¹ So hat Strobel, Gesch. des Elsass. Th. III, S. 102—103. Nach Piton, l. c. S. 148, hieß das Haus selbst „zum heißen Stein" u., statt spielen hätte man den Volksausdruck „auf dem heißen Steine sitzen" gebraucht. — Noch jetzt ist derselbe in der Pfandauflösung „hier sitz' ich auf einem heißen Stein, wer mich lieb hat hol' mich heim", übrig geblieben.

² Diese Privilegien hat Friedrich III in den Jahren 1441, 1442 und 1452 bestätigt. Wenker theilt sie in der mehrmals erwähnten Dissertation mit.

nebst Bestätigung der Zollfreiheit auf ein Jahr. Nach Schöpflin, waren das Schwert, so wie das Messer, Zeichen der damals in Nürnberg blühenden Messerfabriken; die Handschuhe[1] Sinnbilder der kaiserlichen Bewilligung[2]; der Stab, das Zeichen des Richteramtes[3], deutete darauf hin, daß die Stadt Nürnberg selbst der Schwesterstadt jene Geschenke zuschickte.

Dieselbe Sitte, mit Abänderung einzelner symbolischer Zeichen, bestand auch in andern Städten. So erhielt Nürnberg von München und St. Gallen Geschenke; während es solche, außer an Straßburg, auch an Brüssel, Lüttich, München und Mainz gab, und, nebst Worms und Bamberg, an Frankfurt am Main[4]. Von den in dieser seiner Vaterstadt, noch zu seiner Jugendzeit, bei jenen Feierlichkeiten üblichen Ceremonien, hat Goethe[5] ein lebhaftes Bild hinterlassen. Ich wiederhole hier nur, vergleichungsweise, dasjenige was er in Beziehung auf die Geschenke sagt: „Die symbolischen Gaben, welche auf das genauste nach dem alten Herkommen gefordert wurden, bestanden gewöhnlich in solchen Waaren, womit die darbringende Stadt vorzüglich zu handeln pflegte. Der Pfeffer galt gleichsam für alle Waaren, und so bracht auch hier der Abgesandte einen schön gedrechselten hölzernen Pokal mit Pfeffer angefüllt[6]. Ueber demselben lagen ein Paar Handschuhe, wundersam geschlitzt, mit Seide

---

[1] Ueber deren Bedeutung s. J. Grimm, deutsche Rechtsalterthümer, 2. Aufl. S. 152—155.
[2] Auf dem öffentlichen Hauptplatze, woselbst die Messen gehalten wurden, errichtete man, in ältern Zeiten, ein Kreuz zu Ehren des h. Petrus; an dasselbe wurde ein Handschuh als Zeichen der kaiserlichen Obmacht geheftet. *Piton*, Strasb. illustré, I, p. 146.
[3] Grimm, d. Rechtsalterth. S. 134.
[4] Bürgerfreund.
[5] Wahrheit und Dichtung, Th. I, 1. Buch. (Ausg. 1855), S. 23—25.
[6] Etwas anders erklärt Lehmann in seiner Speyerischen Chronik, S. 318ᵃ dieses Sinnbild. Er meint man habe dem Pfeffer, wegen seiner

besteppt und bequastet, als Zeichen einer gestatteten und angenommenen Vergünstigung, dessen sich auch wohl der Kaiser selbst in gewissen Fällen bediente. Daneben sah man ein weißes Stäbchen, welches vormals bei gesetzlichen und gerichtlichen Handlungen nicht leicht fehlen durfte. Es waren noch einige kleine Silbermünzen hinzugefügt, und die Stadt Worms brachte einen alten Filzhut, den sie immer wieder einlöste, so daß derselbe viele Jahre ein Zeuge dieser Ceremonien gewesen."

Im Jahre 1521 wurde festgesetzt die Messe in Straßburg ein- und auszuläuten. Es geschah dieß von Mittag bis 1 Uhr, den 24. Juni und den 8. Juli, mit der großen Meßglocke, die früher Silberglocke [1] und Mordglocke hieß.

Seltenheit, damals den Werth beigelegt als dem Gelde selbst. Daher seien auch viele Zölle in Pfeffer bezahlt worden, und haben deßwegen Pfefferzölle geheißen.

[1] Silberglocke, weil das Volk, im Jahr 1333, da sie gegossen ward, Silberstücke in den Guß warf. Solcher Meinung ist Grandidier; es ist jedoch wahrscheinlicher, wie Piton, S. 447 erzählt, daß dieses Zuwerfen von Silberstücken in den Guß von den auf der Messe anwesenden Kaufleuten herrührte, und im Jahre 1379 geschah. Mordglocke hieß sie, weil man sie anzog bei Bürgeraufläufen und Kriegsnoth. S. Königshoven, Chron. S. 333. — Kleinlawel reimt zum Jahr 1333:

„Die Fewr, vnd Mort glock war biß Jahr
Zu Straßburg auch erfunden,
Das die Burger in aller gfahr
Sich darein schicken kunden."
Straßb. Chronica, 1625, S. 53.

Im Jahr 1379 wurde sie umgegossen und erhielt folgende Inschrift:

O rex gloriæ, Christe, veni cum pace, 1379.
Meinn schall thut kund der statte noth.
Vorm feind bewahr lieber herr goth.

Der regierende Ammeister hatte allein den Schlüssel zu dieser Glocke. *Grandidier.* Essais sur la Cathédrale de Strasb. 1782, p. 243. Eine Anspielung auf jenes Recht, ist bei Königshoven, S. 814 zu lesen.

Im Jahr 1611 ¹ erhielt Straßburg eine zweite große Messe, die Winter-Johannismesse oder Weinachtsmesse, woraus der noch bis auf unsere Tage fortwährende in letzter Zeit² seltsam modernisirte Christkindelsmarkt entstanden ist.

Beide große Messen, zu welchen eine Menge fremder Kaufleute aus den Rheinstädten, aus Bayern, Sachsen, Holland, Italien, der Schweiz und Frankreich strömten, wurden beim Kaufhause und in den benachbarten Straßen, der Großmetzig-Gasse und dem alten Fischmarkt gehalten, woselbst sich, wie noch jetzt in Leipzig und in Frankfurt, sämmtliche Bodengeschosse in Waarenlager umwandelten. Zudem hatten größere Handelshäuser und kleinere Krämer den ganzen ersten Stock der großen Metzig inne, was uns noch wohl im Gedächtniß ist. In der Nähe derselben nahmen zahlreiche Gasthäuser die Fremden auf: das Spanbett, das Schiff, der h. Geist, der neue Thiergarten, das gülden Schaf³, der Brief.⁴

Im Kreuzgang der Neuen oder Prebigerkirche hatten fremde Buchhändler und Bilderhändler, so wie Kunstdrechsler feil.

Außer diesen beiden Hauptmessen, bestanden, in älterer Zeit, noch zwei andere minder besuchte, die beide, ob des dabei verübten Skandals, im Jahr 1481, auf die kräftige Einsprache Geiler's von Kaisersberg abgestellt wurden. Es waren dieß:

Das Kirchweihfest des Münsters, das am St. Adelphustage, dem 29. August, gefeiert wurde. Wegen der stets herbeiziehenden Menschenmenge wurde jedoch auch mehrere Tage

---

Im Jahre 1643 wurde sie abermals umgegossen und hinfort besonders bei großen Feierlichkeiten, Friedensschlüssen, Bischofswahlen, Einzügen gekrönter Häupter u. s. w. geläutet

¹ *Piton*, S. 146.
² Dieser Aufsatz wurde im Jahre 1859 geschrieben.
³ Die genaue Beschreibung derselben Lage gibt Piton, S. 151.
⁴ Die spätere Küferstube, wo sich zuerst die Adelichen versammelten, welche kein Bürgerrecht in Straßburg hatten.

Markt gehalten. Der Ursprung dieses Festes war wieder rein religiös. In den ersten Zeiten des Christenthums, brachten die Gläubigen oftmals die Nacht in den Tempeln zu, um am Grabe der Märtyrer zu beten; später aber artete diese fromme Sitte in die unbegreiflichsten Unordnungen aus[1]. Wimpheling gibt davon, als Augenzeuge, folgende Schilderung:

„Alle Jahr auf Adelphi Tag, welches das Kirchweihfest des Münsters ist, kam aus dem ganzen Bisthum von Mann und Weib ein großes Volk allhier im Münster als in einem Wirthshaus zusammen; also, daß es oft gesteckt voll war; die blieben, nach alter Gewohnheit, des Nachts im Münster, und sollten beten; aber da war keine Andacht, indem man etliche Fässer mit Wein in Sankt Kathrinen Kapelle legte, die man den Fremden und wer dessen begehrte ums Geld auszapfte, und es sah der Fastnacht, dem Gottesdienst des Bachus und der Venus mehr gleich als einem christlichen Gottesdienst. Wenn Einer einschlief, so stachen ihn die Andern mit Pfriemen und Nadeln; daraus entstand alsdann ein Gelächter, oftmals Zank und Schlägereien.[2]"

Obgleich nun, wie gesagt, vorzüglich auf Geiler's Einreden, Magistrat, Bischof und Domkapitel diesem ärgerlichen Treiben ein Ende machten, so verblieben doch immer noch Spuren davon übrig, und erst in der von Bischof Erasmus im Jahr 1549 gehaltenen Synode von Zabern, ergiengen vollständige Verbote wider dieselben[3].

Der zweite kleinere Jahrmarkt in Straßburg, bezog sich auf die Kirchweihe vom Jungen St. Peter, welche auf den

---

[1] *Grandidier* sagt: «en un affreux libertinage.» Essais sur la Cathédrale de Strasb. p. 74.

[2] *Wimpheling*, Catalog. Episcoporum Argentinensium, p. 119; vgl. D. Schabäus, Münsterbüchlein, S. 84. *Grandidier* setzt hinzu: «Les ténèbres cachaient encore souvent de plus honteux désordres.»

[3] *Grandidier*, l. c.

sogenannten krumben Mittwoch, d. h. den Mittwoch in der Charwoche fiel.

Nach einer im Jahre 1053 zu Mainz gehaltenen Synode, kam der elsässische Pabst Leo IX, von vier Bischöfen und vielen Fürsten und Herren begleitet, nach Straßburg[1]. Es geschah dieß unter Bischof Hezel, einem Grafen von Dagspurg. Der Pabst weihte bei dieser Gelegenheit die neuerbaute Kirche zum Jungen St. Peter ein, „und gap", wie Königshoven, S. 188 sagt, „großen Jerlichen aplos (Ablaß) an dieselbe kirche uf die krumbe mitwuche. er gab ouch den Dumherren derselben stift sine bobestliche sydin cappe[2]. die sie noch haltent in grossen eren"[3].

Außer Königshoven, bedienen sich auch noch andere elsässische Schriftsteller der Benennung krumme oder krumbe Mittwoch, so: Geiler von Kaisersberg: „Wenn (denn) Judas der selb hat in (ihn d. h. Jesum) hyngegeben und verkoufft an der krum Mitwoch";[4] ebenso der spätere Bernhard Herzog: „Friderich der vierdt wardt zum Schöffen zu Hagenaw erwöhlet..., starb auff den krumen Mittwoch 1482", IX, Fol. 167.

Ueber die Bedeutung dieses Namens gibt Scherz, Glossar.

---

[1] So erzählt Specklin. Collect. I, S. 113, Hunkler, Leo IX und seine Zeit, Mainz 1851, S. 210 und 211 sagt dagegen: „Der Pabst begab sich hierauf im Januar 1051 nach Straßburg, wo er die Kathedralkirche besuchte, welcher er verschiedene Abläße und Privilegien ertheilte. Auch weihte er die neuerbaute Kirche zum jungen St. Peter, der er seinen seidenen Mantel hinterließ, den man lange als eine kostbare Reliquie ehrte, besgleichen die Kapellen zu St. Michael und St. Walburgis."

[2] Wimpheling, Catal. Episc. Arg., S. 45 sagt dalmatica; es ist das Oberkleid, das von den Päbsten über der alba stola, bei großen Feierlichkeiten getragen wird.

[3] Daßelbe wiederholt Königshoven S. 277.

[4] Postille, II, S. 40; — in der Passion (Marginal) „Am krummen Mitwoch."

fol. 835, mehrere Erklärungen, die jedoch wenig genügend erscheinen: krum käme von careme, quadragesima, woraus crome, krum entstanden; oder: a perversis Judaeorum consiliis; oder: von kromen, kramen, kaufen; oder hienge gar mit dem bischöflichen Krummstab zusammen, unter dessen Schutz die Messe gehalten ward. — Scheffer, Jahrzeitungsbuch, S. 229, meint er habe seinen Namen davon „weil es bei der Gefangennehmung Christi krumm hergegangen." Nork, Festkalender, S. 871. — Die Benennung, deren wahren Grund ich vergeblich gesucht, ist jedenfalls eine ursprünglich volksthümliche, die nach und nach in die Kanzel- und in die Rechtssprache aufgenommen wurde; ähnlich sind die noch üblichen vom gumpigen, schmotzigen oder schmutzigen Donnerstag; vom bromigen Freitag; vom schmalzigen Samstag, die zum Theil in Schwaben (Meier, deutsche Sagen u. s. w. S. 376, 377), in der Schweiz und im Sundgau bekannt sind. Den Aschermittwoch nennt Königshoven in seiner deutschen Chronik Schurtag, in der lateinischen, caput jejunii. Scherz. fol. 1455.

Von der Art, wie dieser Jahrmarkt abgehalten wurde, ist wenig bekannt. Er fand auf dem Kirchhofe, das heißt auf dem vor der Kirche gelegenen Platze statt, der auch Häfflins Markt hieß[1]. Es mögen hier namentlich Stein- und Töpfergeschirre feil geboten worden sein, denn das Straßburger Stadtrecht Arch. in aerario publico, fol. 49 sagt: „item an der krummen Mittwoch, so hat ein Schultheiß zum jung St.-Peter die recht zu den krußen, kruigen, glesern, kachlen, kaven, schußlen, teller... uff jedem karch zu nemende sin recht".[2]

---

[1] Künast, Beschreibung der Kirchen und Stiftes Straßburgs, S. 120; vgl. J. Ph. Lambs, Die Junge St. Peterskirche in Straßburg, 1854, S. 7.
[2] Scherz, Gloss. fol. 835.

Aehnlicher Unfug, wie im Münster, mag auch Nachts in der Kirche zum jungen St. Peter vorgefallen sein, weswegen der Kirchmesse am krummen Mittwoch, im gleichen Jahr 1481 für immer ein Ende gemacht wurde.

Die ehemalige Elendenherberge.

Ein Beitrag
zur Geschichte von Straßburgs Wohlthätigkeitsanstalten.

Elendenherbergen hießen in älterer Zeit Häuser in welchen arme Fremden auf ihren Reisen aufgenommen wurden. Elend, ehe es den heute mit dem Wort verbundenen Begriff von Unglück, Noth, hatte, bedeutete die Fremde: ins Elend gehn, im Elend sitzen, Einen ins Elend stoßen oder schlagen, waren ursprünglich hierzu gehörende Ausdrücke; elende Weine, hießen fremde Weine; Elendpriester, solche welche in der Fremde lebten. In des weißenburger Mönches Otfried althochdeutschem Gedichte der Krist, kommt cli-lenti vor, das er selbst mit: ir andaremo lante, d. h. aus anderm, fremden Lande, erklärt. Im Mittelhochdeutschen heißt es el-lende, ellelende; daher ellent-her-bërge, xenodochium, Pilgerhaus.

Das Gebot: „liebe deinen Nächsten als dich selbst", hat schon in den ersten Zeiten des Christenthums seine praktische Bewährung in der gemeinsamen Pflege der Armen und Kranken gefunden. Stephanus, der erste Glaubensmärtyrer, war Armenpfleger gewesen. In der Folgezeit übten auch die christlichen Gemeinden Handreichung den Bedürftigen und Kranken. Die Kirchen und Klöster, nach und nach mit Stiftungen begabt, öffneten ihre Thore den Nothleidenden und Kranken, sowohl

den Einheimischen als den Fremden, den Wandernden, die
besonders, nach den Kreuzzügen, sich in größerer Menge ein-
stellten. Die Ursachen, welche diese Wanderungen bedingten,
sind verschiedenartig. Rückkehr aus dem gelobten Lande mit
Wunden, mit siechem Leibe und in tiefster Armuth, oder Wall-
fahrten nach besondern Gnadenorten, ausgebrochene Seuchen,
Erdbeben, Hungersnoth, Kriegesdrang bewogen zur Aus-
wanderung und forderten von der Mildthätigkeit der Fremde,
wenigstens im Vorüberziehen, was ihnen die Heimath nicht
mehr zu bieten vermochte.

Außer den Klöstern nahmen auch manche Spitäler arme,
namentlich kranke Pilger auf; für diesen letztern Zweck bestanden
besondere Stiftungen in den Spitälern. So nahm Kaiser
Konrad III, bei seiner Anwesenheit in Straßburg, im Juli
1144, auf Bitten seiner Gemahlin Gertrud und des Bischofs
Burchard, das Armen- und Pilgerhospital in seinen Schutz und
bestätigte dessen Besitzthümer und Einkünfte. „Dann erst sind
wir in Wahrheit Könige," heißt es in der, den 11. Juli
genannten Jahres ausgestellten Urkunde, „wenn wir dasjenige,
was wir mit dem Munde versprochen, in treulichem Sinne
erfüllen; wenn wir nicht erst der Reichen Theilnahme erwartend,
das Weherufen der Armen gnädig erhören." Der Raum des
Münsterplatzes, welchen der Kaiser dem Spital zuerkannte,
gieng von des Bischofs Küche, zwischen der Mauer und dem
Stadtgraben hin, bis an das nächste Thor, auf welchem sich
das Gebäude erhob, welches sich demnach noch im Umfang des
alten Argentorat, westlich vom Münster, befand.

Bis jetzt hatten die Kirche und deren Diener, mit Hülfe
frommer Stiftungen, die Pflicht der Armenpflege beinahe allein
übernommen und treulich besorgt. Als aber, in der Mitte des
14. Jahrhunderts, das Volksbewußtsein in den Städten
erwachte und das Bürgerthum, welches den eigentlichen Kern

der Bevölkerung ausmachte, namentlich im Zunftwesen erstarkte, kam auch die Armenpflege, sowohl für Insassen als für Fremde, in die Hände der städtischen Regierung. Und doch war es, bei diesem wichtigen Uebergange, wieder ein Priester, der sich der armen Pilger in Straßburg annahm.

Da sich deren Zahl stets vermehrte und sie das Spital nicht mehr alle aufnehmen konnte, so gab „her Oettelin,¹ ein priestern zum munster" einen Theil seines Vermögens her und sammelte noch in der Stadt eine Steuer, womit er im Jahre 1360, in der St. Elisabethgasse „eine ellende herberge do men arme Bilgerin inne gehielte" aufbauen ließ. Da aber die Lage derselben, in einem entfernten Stadtviertel für die armen Reisenden unbequem war, so wurde die Anstalt, 1361, an den „Winmerket," dem jetzigen alten Weinmarkt, verlegt, wo vorher die St. Jakobskapelle stand.² Von da kam sie, im Jahre 1530, in das aufgehobene Augustinerkloster, bestand noch zwei Jahrhunderte lang, bis sie, den 4. Hornung 1737, ganz aufgehoben wurde. Waren, während jenem Zeitraum, die hülfsbedürftigen reisenden Handwerksburschen, so wurden sie an ihre Zunft gewiesen; fahrende Schüler fanden Unterkommen im St. Wilhelmstift; die übrigen wurden von den Almosenknechten zu St. Marx nach der Elendenherberge gebracht, wo sie gewöhnlich einen und einen halben Tag aufgenommen wurden und einen Zehrpfennig zur Weiterreise erhielten. Die armen Kindbetterinnen, welche früher von den „Elendenhebammen" in der Herberge verpflegt worden, wurden im Spital aufgenommen.

---

¹ Königshofen, Chronik. Ausg. v. Hegel II, 739. — Herzog, Edelf. Chronik nennt ihn „Herrn Ottelin ein bepfründter inn dem Münster," VIII, 167; und Silbermann, Merkwürdigkeiten, S. 188, „Herrn von Uttenheim, Vikarius im Münster."

² Nach (Schmidt) Straßb. Häuser- und Gassennamen im Mittelalter, S. 188: „in ein Haus neben dem Gothus des Sehsselsheim verlegt."

Dies sind, in kurzem, die Wanderungen welche die Anstalt von ihrem Entstehen bis zu ihrer Aufhebung durchzumachen hatte. Von ihrer Thätigkeit sind zahlreiche Zeugnisse vorhanden, die sowohl die Umsicht und Sorgfalt des Magistrats als den Wohlthätigkeitssinn der alten Bürgerschaft im schönsten Lichte erscheinen lassen.

Im Jahr 1495 war eine höchst unwillkommene Schaar von Fremden nach Straßburg gedrungen; es waren abgedankte französische Soldaten, die von der Syphilis oder den Blattern angesteckt, hier Hülfe und Verpflegung suchten.[1] Es waren deren einige hundert, die im sogenannten **Blatterhause** untergebracht wurden, welches sich da befand, wo das Armenhaus St. Marx steht, später aber auf die von zwei Armen der Jll gebildete Landzunge verlegt wurde, bei den ehemaligen gedeckten Brücken. Sonderbarer Weise erscheint hier Geiler von Kaisersbergs Eintreten in der Sache. Er hatte den 27. Jänner 1501 vor dem Rath und den Einundzwanzigern, auf der Pfalz, 21 Artikel abgelesen, worin er auf Abschaffung von Mißbräuchen und sonstigen Uebelständen in der Stadt in ernsten, oft scharfen Worten, bringt. Im zwölften Artikel, worin er vom Spital handelt, beklagt er sich darüber, daß man die **Blatteriche** nicht in die Elendenherberge aufnehme, was geschehen müsse, wenigstens wenn sie Nachts verlassen in den Straßen umherirren. Diese Forderung des menschenfreundlichen Doktors und Dompredigers ist um so auffallender, da für die erwähnten Kranken das Blatterhaus schon bestand und er selbst in seiner Postille, III, Fol. 78 das Ansteckende der Krankheit anerkennt, „davon" (deßwegen) sagt er, „seind die blotterechten leute

---

[1] Im Jahr 1495 hatte das Blatterhaus 100 fremde Kranke aufgenommen; ihre Zahl wuchs aber im folgenden Jahre so heran, daß der Geheilten über 600 waren. Friese, Vaterländ. Geschichte d. Stadt Straßburg, II, 110 u. 111.

(ſchulbig) ſich zu entpfremden ſo wyt, das ſie mit irem gebreſten nit ſchaden bringen andern menſchen." — Scherz, welcher in ſeinem Gloſſar, Fol. 163, dieſe Stelle anführt, erklärt die Ausdrücke blatterichtt, blotterrecht, durch qui morbo gallico laborat. Könnte ſich aber das von Geiler gebrauchte Wort blatteriche nicht auf ſolche beziehen, die mit den weniger ſchädlichen und ſchändlichen Maſern behaftet waren, eine Krankheit, die allerdings ebenfalls herrſchend und anſteckend,war?

Die Elendenherberge wurde in den Jahren 1529 und 1530 beſonders in Anſpruch genommen.

Die Furcht vor den immer weiter vordringenden Türken, die ſich ſchon der Stadt Ofen bemächtigt hatten und Wien belagerten, ſowie eine beinahe drei Jahre lang dauernde Hungersnoth brachten ganze Heere von Unglücklichen aus Frankreich und Deutſchland nach Straßburg, deſſen Erbarmen erflehend. Auch viele elſäſſiſche Bauern nahmen der Stadt Hülfe in Anſpruch. Die geſunden, zur Arbeit fähigen Fremden verwandte der Magiſtrat zum ſtärkern Bau der Feſtungswerke. Sie erhielten täglich zweimal Suppe, Brod, Gemüſe und Fleiſch, zur Noth auch Kleidungsſtücke. Blos vorüberziehende Fremde wurden nach alter Sitte nur kurze Zeit beherbergt, geſpeiſt und nach erhaltenem Zehrpfennig weiter geſchickt.

Da nach einer bekannten Redensart die Zahlen ihre Beredſamkeit haben, ſo mag hier eine zwar lückenhafte, aber im Ganzen 20 Jahre umfaſſende Aufzählung der in der Elendenherberge aufgenommenen fremden Pilger folgen. Solche, welche, wie oben bemerkt, längere Zeit zu öffentlichen Arbeiten verwandt wurden, erhielten öfters auch hier Verköſtigung. Nach Frieſe, l. c. II, 204, wurden aufgenommen:

Im Jahr 1529. 18,000
    1530. 23,548

Nach Silbermann, Merkwürdigk., S. 188—201:

Im Jahr 1581	99,748
1584—1585[1]	14,018
1586	41,058
1587	58,361
1603	7,906
1604	5,784
1605	4,224
1606	3,870
1607	4,790
1608	6,648
1609	14,779
1610	16,843
1611	13,425
1612	16,263
1613	11,700
1617	18,993

Nach einem Extrakt des Schaffners der Elendenherberge, Joh. Erasm. Schab:

Im Jahr 1634	41,244
1635	60,171

Als Gesammtzahl, während dieser zwanzig Jahre beherbergter Pilger, ergibt sich 481,382; im Durchschnitt per Jahr 24,069 1/10. Das schwächste Jahr (1606) betrug 3,870; das stärkste (1581) 99,748.

Daß bei der oft bedeutenden Anzahl von Fremden verschiedenen Herkommens, Geschlechts und Alters seitens der Verwaltung des Hauses Zucht und Ordnung, mit menschenfreundlichem Sinne, nöthig war, ist selbstverständlich. Sowohl

---

[1] Von einem Johannistag zum andern; demnach nur für ein Jahr zu zählen.

die Einlaßstunden als die Stunden des Verlassens der Zufluchtsstätte waren je nach der Jahrzeit bestimmt. Das Ueberwachen derselben, wenn sie sich an den Thoren meldeten und durch die Gassen der Herberge zugiengen, fiel den Bettelvögten oder, wie sie auch hießen, den Fausthämmern zu. In der Herberge selbst war alles zu laute, unordentliche Gebahren verboten; Zanken, Fluchen, Schwören wurde gestraft und hatte bei Wiederholung das Ausweisen der Schuldigen zur Folge. Die Geschlechter waren in verschiedenen Sälen oder in besondern Fällen in kleineren Kammern getrennt, die von außen geschlossen und erst vor dem Morgenimbis wieder geöffnet wurden, nach welchem die Fremden gewöhnlich verabschiedet wurden. Abends vor dem Schlafengehen wurden sie zur Ruhe und zum Gebete ermahnt, jeder nach seiner Religion.

Das Straßburger Stadtarchiv enthält eine die Elendenherberge betreffende reichhaltige Sammlung von Schriftstücken, von welchen die wichtigsten dem Verfasser dieses Versuches, bereits im Jahre 1861, von dem frühverstorbenen, eben so gelehrten als bescheidenen Archivar, A. Schweighäuser, zur Verfügung gestellt wurden und wovon ihm der stets dienstfertige, gewissenhafte, damalige Gehilfe, jetzige Archivar, Hr. J. Brucker, mehrere in Abschrift besorgte. Einige Züge daraus, die in das innere Treiben der Elendenherberge einen nähern Blick gestatten und auch kulturgeschichtlich von Interesse erscheinen, mögen das hier entworfene Bild einer der schönsten Wohlthätigkeitsanstalten der Stadt beleuchten und beleben helfen!

Die Oberaufsicht der Elendenherberge hatte der Rath und die XXIer; das Bauwesen darin wurde von den Herren XVern besorgt. Außerdem bestanden noch sogenannte **Pfleger**; zuerst einer von den Constofflern (Adeligen und Patriziern) und einer von den Handwerkern; später einer von den Constofflern und zwei von den Handwerkern. Ihnen war der **Schaffner** untergeordnet, dessen Frau den Haushalt besorgte. Die Pfleger hatten sich nach der Reihe, einzeln oder zu mehrern, in die Herberge zu begeben, um nachzusehen, ob die vom Magistrat vorgeschriebene Ordnung genau befolgt werde. Hatte der Schaffner ihre Beihülfe nöthig, so mußten sie sich auf dessen Einladung einfinden. Die auf die Gefälle und Stiftungen bezüglichen Briefe wurden im Gewölbe aufbewahrt, zu welchem jeder Pfleger, sowie auch der Schaffner einen Schlüssel hatte; beim Eröffnen mußte jedenfalls ein Pfleger nebst dem Schaffner zugegen sein und bei ihren Eiden versprechen, nichts daraus zu nehmen, oder, im Falle dies nöthig wäre, dasselbe wieder miteinander hinein zu legen. Wenigstens einmal im Monat hatten die Pfleger des Schaffners Rechnungen zu durchgehn und gutzuheißen. Die Jahresrechnung wurde in Gegenwart zweier Rathsherren geprüft, welche Tag und Stunde dazu festsetzten.

Für seine Mühewaltung erhielt jeder Pfleger:

„Zu S. Martinustag (11. November) vier Kappen¹ und vier Maß Weines.

Item, zu Weihnachten, einen Goldgulden; dessen Hausgesinde erhielt 6 Schilling „zu Handgift."²

„Item, zu Weihnachten, anstatt des früher gegebenen Kottfleisches,² ein Pfund Pfennig.

„Item, zur Faßnacht, Jeder, anstatt der Faßnachtfische, 10 β. 6 δ.

---

¹ Kapaune.

² Als Handgabe, Handgeschenk.

³ Kutteln, Kalbaune. Die zur Metzgerzunft gehörenden Kuttler, in älterer Sprache Kotter, Kütter genannt, betrieben, wie noch in späterer Zeit, allein die Bereitung und den Verkauf des Kottfleisches. Eine Kuttlergasse, rue des Tripiers, besteht noch jetzt in Straßburg; eine Kuttlergasse auf dem Wörth kommt 1340 und 1439 in Urkunden vor. S. (Schmidt), Straßburger Gassen- und Häusernamen im Mittelalter, 1871, S. 109.

„Item, Jeder, zu Ostern, anstatt eines Lammes oder der Ostereier, 6 Schilling Pfennig.

„Und dann, in der Messe, für die Schweigkäse, Jeder 9 β." (Ordnung der Pfleger der Ellenden Herrberigenn, auß der alltten Ordnung gezogenn und erleuttert 1580. 5 S. Folio, Vorderes XIII Gewölb, Lade 62, Fascicul 4.)

Höchst lehrreich zur nähern Wirthschaftskenntniß und innern Einrichtung der Anstalt ist „Des Schaffners Instruktion" aus dem 16. Jahrhundert. Sie verdient ganz mitgetheilt zu werden. Es ist daraus ersichtlich, daß zu jener Zeit die Herberge außer den fremden Durchreisenden auch die Wohnung und Verköstigung der für die Stadtarbeiten angestellten Fremden zu besorgen hatte. Zum bequemern Lesen wird die Wörterschreibung der heutigen näher gebracht, die Wörter und Formen des Originals aber getreulich beibehalten.

„Der Schaffner der Elendenherberge soll, bis auf weitern Bescheid, L. oder xx lib. den. auf dem Pfennigthurm[1] abholen, wie auch Frucht auf Meiner Herren Speicher. Er wird von H. O. Hartmann, damit man's ihm folgen lasse, einen Zedel empfangen. Die Frucht (soll er) förderlich mahlen auch 1 Fiertel Gerst zu Gersten (sic) rollen lassen, auf der Elendenherberge Kosten, auf einem besondern Platz versorgen und behalten. (Er soll) über der armen Werkleuten Einnahme und Ausgabe ein besonderes Register halten.

„Er soll Linsen, Erbsen, Habermehl, Salz, Anken u. a. einkaufen und besonders verwahren. Seine Hausfrau soll daran und darob sein, daß der Pilger Gesinde in der Herbergküche, da der Herd groß genug dazu ist, den armen Werkleuten, deren

---

[1] Auf dem Pfennigthurm, welcher auf dem ehemaligen Barfüßer-, jetzigen Kleberplatze, links von der Hauptwache stand, wurde der Stadtschatz aufbewahrt.

Aufsehern und Aufwärtern recht und wohl kochen und ihnen anders nicht sein lassen als wären es Pilger, und wie man vorher den Müssigen gedient, so soll man jetzt den arbeitenden Armen dienen und ihnen nach Nothdurft (dieweil sie werken) zu essen geben Supp, Muß (Erbsen), Brod u. s. w. Weil das Stadtwerk weit von der Herberge gelegen ist, soll ihnen das Essen und Abendbrod in Rückkörben unter die Hütte, so man aufschlagen wird, überschicken.

„So viel das Nachtgeliger (Nachtlager) anlangt, weil man die Müssigen in Better gelegt, warum sollte man die Arbeitenden jetzt in den Stall weisen? Wenn keine Pilger oder doch wenige da sind, soll man die saubern in Better legen, die unsaubern und die in Eisen erkannt,[1] ins Stroh weisen. Denn, bevorab in Winterszeit, wäre es gar beschwerlich im Wind und kalten Regen zu arbeiten und dann in den Stall gewiesen zu werden...

„Damit das Gesinde, weil man ihnen zu Mittag auch kochen muß, desto williger sei, soll ihnen die Vertröstung beschehen, daß man sie darum bedenken wolle. Doch halte man dafür, die Zahl der Arbeitenden werde nicht sehr groß sein, da sie tapfer ausreißen und da andere durch das Geschrei nicht mehr herkommen werden.

„In Summa, wenn der Elenden Herberg Schaffner sammt seiner Hausfrau freudig, willig, ernsthaft sind und das Beste dabei thun werden, so können sie der Stadt und der Herberg selbst, auch allen andern Almosen großen Nutzen schaffen. Gott gebe Glück, Gnade und Segen dazu!"

Daß diese Instruktion Tadel über einen gewissen, ungenannten Schaffner enthalte, geht genugsam aus dem Texte hervor. Darauf bezieht sich noch eindringlicher ein anderes beigelegtes Schriftstück, betitelt: „Ein eiferig Bedenken

---

[1] Sträflinge welche mit Ketten belastet arbeiten mußten, oder wie man auch sagte, „im Schellenwerk."

wider den Schaffner und für die armen Werkleute in der Elenden Herbergh. Es heißt darin, am Schlusse:

„...Er, der Schaffner, muß sich eben sein lassen, als wenn alle Nacht 100 oder 150 Pilger kämen, wie dann vor Jahren vielmal geschehen ist, da hat man darum keinen neuen Herd aufgerichtet (wie jetzt geschehn), und sind bennoch gespeist und beherbergt worden.

„Er, der Schaffner, hat sich auch darum, daß er sich einbildet es werde der Elenden Herberg großer Schaden sein, gar nicht zu beklagen oder unwörsch zu sein; denn es wird der Herberg dadurch nicht nur kein Schaden, sondern vielmehr Nutzen bringen; denn dadurch wird er desto mehr Pilger abbekommen. Somit darf er die armen Werkleute nicht von der Herberg erhalten, sondern er soll Frucht und Geld von der Stadt bekommen, bis man vielleicht wieder eine Sammlung anstellen wird.

„Demnach soll sich der Schaffner auch der weitern Arbeit nicht beschweren, sondern Gott, dem Nächsten und der Obrigkeit zu gefallen, gehorsam, geflissen und willig sein: denn ein Schaffner, darum er Schaffner heißt, soll gern schaffen. Solche weitere Mühe, weil sie aus christlicher Liebe und dem Glauben fließt, wird Gott auch alles Gutes, Glück und Segen bescheren, und die Herren (d. h. der Magistrat), wenn das Thun eine (rechte) Einnahme erhält, auch erkennen nnd wissen zu belohnen; denn ja ein Arbeiter seines Lohnes werth ist."

(Ordnungen und Decrete. Tome XXVI, Allerhand Bedächt von Anno 1521 bis 1634.)

Dieses Stück aus der Geschichte der Wohlthätigkeitsanstalten der Stadt Straßburg, das auch so mancherlei Züge zur Sitten- und Wirthschaftskunde jener Zeit enthält, sei hiemit dem jetzigen Geschlechte zur Anerkennung dessen was die Väter in frommem, menschenfreundlichen Sinne thaten, bestens empfohlen!

Die armen Schüler in Straßburg

während des Mittelalters.

Die Armen- und Krankenpflege überhaupt war im Mittelalter eine Frucht christlicher Nächstenliebe. Sie ging von Privatleuten aus, die zu diesem Zwecke milde Stiftungen machten, welche sodann von Kirchen oder Klöstern verwaltet wurden. Es geschah dieß häufig unter der Bedingung von Seelenmessen an den sogenannten Jahrestagen, d. h. den Todestagen der frommen Stifter.

Kirchenversammlungen und Päbste empfahlen den Klöstern die Verpflegung der Kranken, Armen und Hülflosen ihrer Umgebung, sowie die vorübergehende Versorgung bedürftiger Reisender und Wallfahrer, die in jenen Zeiten schaarenweise aus einem Lande in's andere zogen. Für letztere wurden in vielen Städten eigene Anstalten gegründet, die unter dem Namen Ellenden-Herbergen bekannt sind.

Erst in der zweiten Hälfte des 16. Jahrhunderts, nachdem sich das Städtewesen allenthalben gekräftigt, und die Reformation ihren segensreichen Einfluß geltend gemacht hatte, wurde, wie z. B. in Straßburg, die Armen- und Krankenpflege Sache der Gemeinde. Die bürgerliche Obrigkeit ließ die milden Anstalten: Spitäler, Fremdenherbergen und Waisenhäuser, durch von ihr ernannte Schaffner verwalten, die von einem besondern Rathsausschusse überwacht, demselben Rechenschaft abzulegen hatten.

Obgleich diese Stiftungshäuser an das weltliche Regiment übergegangen waren, so durchbrang sie doch immer noch der kirchlich-religiöse Sinn. Die Geistlichen betheiligten sich insofern daran, daß sie Andachtsübungen darin hielten, den Kranken und Sterbenden den Trost der Religion brachten, von den Kanzeln Kollekten verkündigten und die Anstalten der christlichen Liebe ihrer Zuhörer empfahlen.

Unser Gegenstand beschäftigt sich, mit Uebergehung der Krankenpflege, nur mit einer Klasse: der, der Armenpflege anheimfallenden Schüler, pauperes scholares. Sie gehörten zu den ansäßigen, den Ortsarmen, welche unentgeltlichen Unterricht in Kloster- oder Kirchenschulen genossen, dazu entweder nur Brod[1] oder ganze Kost erhielten. Sie mußten allerlei niedere Kirchendienste versehen: bei Messen, Festen, Jahrzeiten verstorbener Wohlthäter der Stiftung singen, wogegen sie wieder eine Gabe erhielten, gewöhnlich Brodwecken, cunei; seltener Geld[2]. Solche, die sich auszeichneten, wurden mit der rothen Tunika beschenkt, d. h. unter die Chorschüler aufgenommen. Es waren dieß die Aristokraten unter den armen Schülern, die sich zurück hielten, wenn ihre weniger bevorzugten Genossen in der Adventzeit Lieder vor den Häusern sangen, an die Thüren klopften, um die Ankunft des Herrn zu verkündigen oder Glück zum neuen Jahre zu wünschen.

Sangen in Basel die armen Schüler zur Metzelzeit „um die Wurst"[3], so zogen die straßburgischen am Dreikönigstage herum oder sangen während der Fastnacht „um's Küechel" ein Gebrauch, der bekanntlich, auch anderswo üblich, bis in die jüngste Zeit herabreicht.

Der große Festtag der Chorschüler am straßburger

---

[1] Sie hießen daher panenses.
[2] Vgl. Basel im 14. Jahrhundert, S. 70. (Dr. Fechter.)
[3] Ebend. S. 71.

Münſter war der 28. Dezember, der Tag der unſchuldigen
Kindlein, festum Innocentium, der zur Erinnerung an den
bethlehemitiſchen Kindermord gefeiert wurde. Er gehört in die
Kategorie der im Mittelalter, beſonders in Frankreich beliebten
Narren- und Eſelsfeſte und wurde nicht nur in den Kirchen,
ſondern auch in den Klöſtern abgehalten. Zu Antibes, im Var-
Departemente, war es, bei den Franziskanern, folgendermaßen
veranſtaltet:

„Am Tage der unſchuldigen Kinder [1] kamen der Guardian
und die Prieſter nicht ins Chor, ſondern die Laienbrüder nahmen
ihre Sitze ein. Sie zogen zerriſſene prieſterliche Kleider an, und
zwar umgekehrt; ſie hielten auch die Bücher verkehrt, in denen
ſie ſich zu leſen ſtellten, hatten Brillen ohne Gläſer auf der Naſe,
worein ſie Pomeranzenſchalen befeſtigten; blieſen die Aſche aus
den Rauchfäſſern einander in's Geſicht oder ſtreuten ſie einander
auf die Köpfe, ſangen nicht Pſalmen oder liturgiſche Geſänge,
ſondern murmelten unverſtändliche Worte und blöckten wie das
Vieh[2]."

Von einem ähnlichen Aufzuge in Metz heißt es in der
Histoire des duchés de Lorraine et de Bar, etc.[3] von E. A.
Bégin.:

« De telles pratiques corrompaient les mœurs et dis-
« créditaient la religion, au point qu'à Metz, le 12 Janvier
« 1444, une bande de jeunes gens, affublés d'aumusses
« et de surplis, ayant des croix et des bannières, se pro-
« menèrent en chantant au milieu des rues: l'un d'eux
« barbouillé de noir et couvert de boue, la mitre en tête,

---

[1] Nicht am Neujahrstage, wie Nork im Feſtkalender S. 781 ſagt.
[2] *Neuré*, Querela ad Gassendum, p. 54, bei Flögel, Geſchichte
des Grotesklomiſchen, S. 165. 166.
[3] Tome I. p. 374; ſ. Schneegans, S. 28.

« la crosse à la main, représentait l'évêque et distribuait
« gravement des bénédictions à la foule qui l'entourait. »

Auch in Deutschland wurde das Fest der unschuldigen Kindlein auf ähnliche Weise gefeiert, so in Regensburg. In Franken hieß es der Fitzeltag; an demselben wurden, früh Morgens, die Eltern von den Kindern mit Ruthen aus dem Bette getrieben, gefitzelt. Man nahm dazu Tannen-, Rosmarin- oder Lorbeerzweige. Die Kinder erhielten für diese althertömmliche Artigkeit den sogenannten Fitzellohn, der aus Geld, Spielzeug und Eßwaaren bestand. In Schwaben sagte man, statt Fitzeln, Pfeffern, woher das Fest der unschuldigen Kindlein dort der Pfeffertag genannt wurde[1].

Des Festes der straßburger Chorknaben geschieht zuerst Meldung in dem von Balduls, Sänger des hohen Stiftes, um das Jahr 1135 niedergeschriebenen Münster-Rituale[2], welches der Chronikschreiber Fritsche Closener, Präbendar des hohen Chores, im Jahr 1364, auf Verordnung des damaligen Bischofs Johannes von Lichtenberg, unter dem Titel Directorium Chori erneuerte[3].

Am Tage Johannis, des Evangelisten, als am Vorabende des Festes, versammelten sich die Chorknaben und wählten unter sich einen Bischof, episcopus puerorum. Wenn nun der Vespergesang des Magnificat an die Worte deposuit potentes kam, bestieg der Knabenbischof, im feierlichen Ornate, gravitätisch den Thron des Bischofs, verlas daselbst die Gebete

---

[1] Nork, Festkalender, S. 783. — E. Meier, Sagen u. s. w. aus Schwaben, S. 467, gibt davon eine andere Bedeutung.

[2] Abbé *Grandidier*, Essais sur la cathédrale de Strasbourg, p. 72.

[3] L. Schneegans, in der Zeitschrift für die Kulturgeschichte von Joh. Müller und Joh. Falke, 1858, S. 23. Der treffliche zu früh hingeschiedene Freund gibt dort, in einer seiner letzten Arbeiten, eine nähere Entwicklung über das Fest.

und ertheilte den Segen. Die übrigen Chorschüler nahmen die Stühle der Domherren ein und sangen mit heller Stimme die Vorgesänge und die Responsorien. Dasselbe geschah am Tage der unschuldigen Kindlein selbst.

Nach der Kirchen-Ceremonie führten die Chorschüler, die sich verlarvt hatten, ihren Bischof im höchsten Pompe durch die Stadt. Singend und tanzend traten sie in die Kirchen und Klöster und trieben allda den heillosesten Unfug; « ils se comportaient, sagt Granbidier, avec autant d'insolence que de scandale »[1].

Einem, in den achtziger Jahren des 15. Jahrhunderts von Peter Schott, Stiftsherrn zum Jungen St. Peter, an den päbstlichen Nuntius Kemel[2] geschriebenen Briefe zufolge, hätte, zu seiner Zeit, jener Unfug der Chorknaben vier volle Wochen gedauert. Nachdem Schott, in jenem Schreiben mehrere andere Mißbräuche gerügt, fährt er fort: „Ebenso wird ins besondere, „von dem Feste des h. Nikolaus hinweg bis zum „achten Tage der unschuldigen Kindlein (ad octavas „Innocentium) ein Knabe mit dem bischöflichen Ornate be-„kleidet, welcher dann die Kollekten in der Kirche singt, den „Segen ertheilt und hernach mit seinen Gespielen, von denen „die meisten verlarvt sind, in den Kirchen alles Recht und alle „Billigkeit (omne ius et equum) verkehren„[3].

Erst zu Ende des 15. Jahrhunderts wurde, auf des würdigen Dr. Geilers wiederholte und eindringliche Vorstellungen, das Unwesen abgestellt, nachdem sich vorher schon, jedoch ver-

---

[1] Essais, etc., p. 73.
[2] Der Pater Peter Emmerich Kemel, Baarfüßer und päbstlicher Nuntius, hatte sich in den J. 1480 u. 1481 in Straßburg aufgehalten. Peter Schott starb im J. 1490, bekanntlich vergiftet. Schneegans, S. 27 u. 29.
[3] *Peter Schott* Lucubraciunculæ, im Jahr 1498, von Jac. Wimpheling, Schott's ehemaligem Lehrer, herausgegeben.

gebens, die Kirchenversammlung von Basel dagegen ausgesprochen hatte.

Gelegentlich dieser zügellosen Knabenfeste in Straßburg, an welchen sich, während des Mittelalters, meistens nur die untern Klassen betheiligten, muß auch des, in eine spätere Zeit fallenden Umgangs der armen Waisenschüler gedacht werden.

Die Waisen, welche ursprünglich nebst den Findlingen im Hospitale verwahrt wurden, erhielten im 15. Jahrhundert ein eigenes Gebäude, nebst Hof, in der Uten-, später Magdalenengasse, bei dem Utenthörlin, einem ehemaligen, längst verschwundenen Stadtthore [1]. Beträchtliche Stiftungen waren bald hinreichend für das Nothwendige zum Unterhalte der armen Kinder; allein es sollte ihnen auch, auf zarte, sinnige Weise am Tage des Kinderpatrons, St. Nikolaus, wie andern Kindern, eine freundliche Bescherung werden. Dafür sorgte Hr. Claus Berer von Straßburg, der im Jahr 1517 dem Waisenhaus eine jährliche Gilt von fünf Gulden und sieben Viertel Roggen schenkte unter der Bedingung, „daß jedem Waisenkinde, das selber gehen kann, eine Bescherung St. Niclausen" gegeben werden solle, nämlich: „ein neu Paar Schuh, das indwinbig der Knie den Waden wohl bedecket", ferner ein rother Apfel und ein neuer straßburger Pfennig darin [2].

Im Waisenhause selbst war ein Stock aufgestellt, in welchen milde Gaben niedergelegt wurden; überdieß ging in den Häusern eine Büchse herum, die stets reichlich gefüllt zurückkehrte. Außer diesem hielten die Waisenkinder selbst fünfmal im Jahre einen Umzug durch die Stadt: am neuen Jahr, an Ostern und

---

[1] Die erste Meldung des Waisenhauses ist vom J. 1492. — Aus der Utengasse wurde das Waisenhaus im J. 1636 in das St. Katharinenkloster verlegt und kam zuletzt 1850 in die Gebäude des ehemaligen Magdalenen- oder Reuerinnenkloster, wo es noch jetzt ist.

[2] (Röhrich), das Waisenhaus in Straßburg, 1843, S. 4 u. 5.

zur Zeit der drei Hauptmessen. Dabei begleitete sie der „Waisenetten" (Waisenvater) und die „Weisenmyne" (Waisenmutter), nebst einem Knechte, der die Gaben in einem geräumigen Rückkorbe sammelte. Das Geld, welches man zwölf Waisenkindern, die dazu erwählt waren, einhändigte, wurde in die gemeinsame Büchse geworfen.

Am Osterfeste zog aber der ganze Schwarm der Waisen, mit freudig glänzendem Antlitz aus dem Utengäßlein in die Stadt und hielt seinen feierlichen Umgang. „Steuert", riefen sie, den armen Waisenkindern zu Straßburg die Ostereier, die Euch Gott vergelt!"

Bereits zu Anfang des 17. Jahrhunderts waren die fünf Umgänge auf drei beschränkt worden[1], später war nur noch der Umgang an Ostern üblich, der ebenfalls, wegen mancherlei Unfug und Mißbrauch, endlich im Jahre 1633 abgestellt wurde[2]. Der Magistrat führte dagegen eine allgemeine Steuer zu Gunsten der Waisenkinder ein, die in allen Kirchen erhoben werden sollte und in den sieben evangelischen Pfarrkirchen in demselben Jahre 1633 schon 1356 Livres betrug[3].

Von den armen Schülern, welche, wie wir oben gesehen haben, zuerst von den Kirchen und Klöstern, später von den Gemeinden versorgt wurden, verließen oft manche ihre Vaterstadt und zogen in andere Gegenden. Es waren dieß die wandernden oder fahrenden Schüler, vagi scolares, in einem Provinzial-Statut des Erzbischofs von Mainz vom Jahr 1233 auch Everhardini genannt, die, wie es dort heißt, „ein vor Gott abscheuliches Leben" führten: « Deo abhominabilem

---

[1] So im J. 1609.
[2] (Schneegans), Straßburgische Geschichten u. s. w. S. 130.
[3] Saladin's handschriftliche Chronik, f. Silbermann's Merkwürdigkeiten, S. 97.

« vitam ducunt, divinum officium invertunt, unde etiam
« laici scandalizantur...» [1].

Diese erhielten nur vorübergehende Gaben in den Stiftungen, wußten sich aber durch Singen auf den Straßen, dramatische Darstellungen in den Schenken und Zunftstuben, wofern es ihnen gestattet wurde, oft reichere Zehrpfennige zu erringen. Dem Landvolke besonders imponirten sie durch lateinische Brocken, mysteriöse Zeichen und Vorspiegelung geheimer Kenntnisse der Natur, und gewannen dadurch Obdach, Speise und Trank. Dieß thaten jedoch mehr die von gelehrten Schulen kommenden Vagierer, vangantes oder Bachanten, von denen die ältern Volksbücher mancherlei Schwänke zu erzählen wissen [2].

Die Zahl der armen Schüler, worunter viele auswärtige, war zu Anfang der sechziger Jahre des 16. Jahrhunderts in Straßburg so sehr herangewachsen, daß sie schaarenweise vor der Bürger Häusern sich versammelten, sangen und bettelten.

Die allgemeine Klage wider diesen Unfug, sowie das Unvermögen der Stadt, die, seit Aufhebung der Klosterstiftungen, für das Fortkommen sämmtlicher Bettelschüler zu sorgen hatte, bestimmte den Magistrat, alle, hundert ausgenommen, aus der Bannmeile zu verweisen.

---

[1] Mone, Zeitschr. Bd. III, S. 141.
[2] „Die Vagierer sind Abentheurer, welche aus Frau Venus Berg „kommen und die schwarze Kunst verstehen. Wenn sie in ein Haus kommen, „so fangen sie an zu sprechen: hie kommt ein fahrender Schüler, der „sieben freien Künste ein Meister, ein Beschwörer der Teufel „gegen Hagel, Wetter und alles Unheil. Darnach machen sie etliche „Charaktere, zwei oder drei Kreuze und sprechen, wo diese Worte gesprochen „werden, da wird Niemand erstochen, es trifft auch Niemand ein Unglück „und viele andere köstliche Worte. Da meinen dann die Bauern, es sei also, „sind froh, daß sie kommen, und sprechen zu den Vagierern, das und „das ist mir begegnet, könnt ihr mir helfen? Diese aber bejahen es und „betrügen die Bauern." Dr. K. Pfaff, in der Zeitschrift für deutsche Kulturgeschichte, Nürnberg 1857, S. 433.

Von den hundert beibehaltenen wurden fünfzig „zue Wilhelmern" gethan, die andern in Bürgerhäuser vertheilt und ihre Namen zu St. Marx[1] aufgezeichnet: so — sagt eine auf der straßburger Stadtbibliothek befindliche Handschrift[2] — „das sie „alle wochen 6 leib brot und 1 ß (Schilling) haben, damit sie „ir brot haben; auch under inen etlich partheyen gemacht, das „einer um den andern in dem münster das gsang gewonlichen „morgens und abends müssen helfen singen. So ist auch auf „der cantzel verlesen worden, dieweil nun die burger kein über= „lauf mehr haben vor iren heusern, so soll alle viertel jar in „den kirchen den armen Schülern gesamlet werden."

Das erste Ergebniß einer solchen Kirchensteuer betrug zum Alten St. Peter, den 27 August 1564, 7 Pfund, 14 ß, 8 den.

Am Neujahrstage 1587 wurde in den sieben evangelischen Pfarrkirchen der Stadt, für die armen Schüler gesteuert wie folgt: im Münster 49 Pfund; zu Sankt Thomä 62 Pfund; zum jungen Sankt Peter 23 Pfund; zu St. Klaus 15 Pfund; zum alten St. Peter 11 Pfund; bei den Wilhelmern 6 Pfund; zu St. Aurelien 4 Pfund. Zusammen 170 Pfund.

Die Steuern für die armen Schüler wurden mit der Zeit abgeschafft; da diese zum Theil durch die Pfarrkirchen, zum Theil durch die Stadt unterstützt, unentgeltlichen Unterricht genossen und noch genießen. Einzig ist, in den protestantischen Gemeinden, nicht nur Straßburgs, sondern des ganzen Elsasses, die Studienstener für arme Theologen übrig geblieben.

---

[1] Im J. 1529 gestiftet aus den Einkünften des ehemaligen St. Marx= klosters und der Hälfte desjenigen von St. Arbogast. S. *Herrmann* Notices histor. sur la ville de Strasbourg, II, 256.

[2] Mone I, S. 149 u. f. Der Text ist daselbst vollständig mitgetheilt.

Die ersten Luftballons im Elsaß.

(Aus zeitgenössischen Berichten).

Die öffentlichen Blätter haben vor einiger Zeit berichtet, daß in London und Paris, den 5. Juni 1883, das hundertjährige Fest der Erfindung der Luftballons gefeiert werden soll, welche gewöhnlich den Brüdern Jakob Stephan und Joseph Michael Montgolfier, von Annonay im Departement Ardèche zugeschrieben wird. Gleichzeitige Berichte sagen jedoch, daß sich, schon im Jahre 1781, Blanchard in Paris, angeregt durch die Schrift des Engländers Priestley „über die Luftarten" mit der Herstellung eines sogenannten Luftschiffes befaßt habe, daß er jedoch später seine Methode wieder verlassen und seine zahlreichen Luftfahrten nach derjenigen der Montgolfier eingerichtet habe. Diese arbeiteten im Jahre 1782 an ihrem ersten Ballon und ließen ihn, am 3. Juni des folgenden Jahres, auf dem öffentlichen Platze zu Annonay emporsteigen. Dieß wiederholten sie in Paris, Lyon und in anderen großen Städten; sowie auch von Andern, bald glückliche, bald unglückliche Versuche damit gemacht wurden. Von einem der interessantesten, die einer der Brüder Montgolfier, den 10 September 1783, zu Versailles veranstaltete, erzählt ein Pariser Korrespondent der Straßburger Gelehrten Nachrichten (Seite 953) Folgendes:

„Der Versuch mit den Luftkugeln ist den 19. September zu Versailles von Hr. von Montgolfier ins große wiederholt worden. Die Gestalt näherte sich einem Zelte, 60 Schuh hoch und 40 Schuhe im Durchschnitte. Die große Maschine enthielt 40 Tausend Kubikschuhe brennbare Luft (Gas) und konnte ungefähr 1200 Pfund mit sich in die Luft heben. Man hat ihr aber nur etwa die halbe Ladung gegeben; die Maschine selbst wog 7 bis 800 Pfunde. Man hatte unten an dieselbe einen Weidenkorb befestigt, worin ein Schaf, eine Ente und ein Hahn war; darunter hieng ein Barometer. Das Emporsteigen dieser großen Maschine verursachte bei den Zuschauern, die in großer Menge zugegen waren, eine Art Bewunderung, die sich auf allen Gesichtern abbildete. Man schätzt die Höhe worauf die Maschine in die Luft geflogen ist, auf etwa 200 Ruthen.[1] Ein Westwind zwang sie einer horizontalen Bewegung zu folgen, welche 27 Stunden gedauert hat. Hierauf fing sie an merklich zu sinken, und fiel in den Wald von Vaucresson, eine halbe Stunde vom Orte des Aufsteigens entfernt, nieder. Der Korb war von der Luftkugel durch einen Holzstoß getrennt worden; die Thiere befanden sich alle wohl, und das Schaf fraß sein Futter. Das Barometer hatte keinen Schaden gelitten. . . . ."

In Straßburg beschäftigten sich, schon zu Ende des Jahres 1783, zwei ausgezeichnete Gelehrte mit der neuen Erfindung, theils theoretisch, theils beschreibend. Zur Orientirung für das gebildete Publikum ist die Schrift: „Montgolfier'sche Luftkörper oder aerostatische Maschinen u. s. w. von Friedr. Ludw. Ehrmann, Lehrer für Physik, nebst einer Beschreibung der zwo ersten Luftreisen, und: D. Würz. Gedanken über das Steigen dieser Luftkugeln. Mit 2 Kupfertafeln. Straßburg bei Treutel." Eingehender behandelte den Gegenstand der damals noch junge, in

---

[1] Die Ruthe von 22 Fuß; also 729 Meter, 20 Centimeter.

hohem Alter (1828) verstorbene Professor der Mathematik Christian Kramp, in seinem Werke: „Geschichte der Aerostatik, historisch, physisch und mathematisch ausgeführt. Straßburg in der akademischen Buchhandlung, 1784, 2 Bde. 8°." Der damals, als Physiker und namentlich als Meteorolog berühmte Hofrath, Prof. Böckmann, von Karlsruhe, erklärte Kramp's Buch für eines der gediegensten und zuverlässigsten, die über den Gegenstand verfaßt worden sind. Er hebt des Verfassers „tiefe Kenntnisse in der Analyse und höheren Mechanik" besonders hervor. Böckmann war ein enthusiastischer Liebhaber und Beförderer der Luftkugelreisen und hat in Karlsruhe vielfache Versuche mit dem Steigen kleinerer und größerer Ballons veranstaltet.

Die im April 1784 in Straßburg von Adorn und Enslin gemachten Versuche fielen nicht immer glücklich aus; mehrere Ballons verbrannten; einer fuhr bei einem Arm des Rheins herunter, gieng zum Theil im Wasser über den Rhein und wurde von Fischern aufgefangen und wieder in die Stadt gebracht. Besser gelang es Enslin mit einem Ballon, den er den 13. Juli desselben Jahres, nach 12 Uhr auf dem Paradeplatz hatte steigen lassen. Dieser wurde um halb drei Uhr in dem engen Thälchen Dörrenbach, 2 Stunden jenseits des Badeortes Petersthal und 9 Stunden von Straßburg entfernt, gefunden; er war unversehrt und dünstete noch stark aus. Das Zettelchen, das sich darin befand, wurde dem Hofrath Böckmann in Karlsruhe zugeschickt.

In Mülhausen ließ der Autobidakt Daniel Meyer, dessen meteorologische Aufzeichnungen damals sehr geschätzt waren, mit seinem Freunde Nikolaus Thierry, Lizenziat beider Rechte, mehrere Aerostate auffliegen; einer derselben, vom Ostwinde getrieben, zog über den Sulzer Belchen dahin.

Von Colmar meldet ein gleichzeitiger Bericht: „Den 13. Junius (1784), wurde auf dem Exercierplatz der hiesigen

Kriegsschule[1], Abends um halb 7 Uhr, ein von Hrn. Enßlin verfertigter Luftball emporgelassen. Er war von 40 Zoll im Durchschnitt, aus Goldschlagerhäutchen zusammengesetzt, mit einem trefflichen Firniß überzogen und mit prießley'scher Brennluft angefüllt. Er stieg in gerader Richtung so schnell in die Höhe, daß er in wenig Minuten vor den Augen der Zuschauer verschwand. Man hatte die Vorsicht gebraucht, eine kleine blecherne Büchse hinein zu legen, welche einen Zettel verwahrte, worin der Ort, der Tag und die Stunde des Aufsteigens bestimmt war, und zugleich um Nachricht von dem Schicksale der Kugel gebeten wurde. Den 21. und 23. dieses, liefen hier verschiedene Briefe von Stuttgart und aus der Gegend ein, welche einhellig berichteten, daß gedachter Luftball mit der blechernen Büchse Montags den 24. frühe bei dem Dorfe Holzelfingen eine deutsche Meile oberhalb Tübingen am Fuße der schwäbischen Alp gefunden worden. Die Stunde des Niedersinkens konnte man nicht bestimmen. Vermuthlich geschah es in der Nacht und wurde durch ein Gewitter beschleunigt, welches damals in jener Gegend wüthete. Eine der obigen Nachrichten ist von Herrn Vikar Baur von Holzelfingen an eine hiesige Person vom ersten Range gerichtet. Diesem nach, hat der Ball, bloß nach dem Vogelfluge zu rechnen, eine Strecke von 36 bis 40 Stundenmeilen zurückgelegt."

Ein sehr gelungener Versuch wurde im Schloß Schweighausen, bei Sennheim, welches dem Grafen Waldner von Freundstein gehörte, den 4. November 1784 gemacht. Es sei dieß, ohne in die nähern Umstände einzugehen, deßwegen erwähnt, weil der Ballon von einem 16jährigen Zögling, Reichard Bach, aus ebenderselben Colmarer Kriegsschule, verfertiget worden war.

---

[1] Diese zur Kriegsakademie erhobene Schule wurde bekanntlich von dem blinden Fabeldichter Pfeffel gegründet und geleitet. Franz Lerse, Goethe's Jugendfreund, wirkte längere Zeit als Inspektor darin.

Anrede und Trinkspruch

dem Mainzer Kirchenmusik-Gesangverein

dargebracht

beim großen elsässischen Sängerfeste

in Mülhausen

14., 15. u. 16. Juli 1860.[1]

Während das offizielle Bankett im großen Börsensale statt fand, tafelten die Mainzer Gesellschaft und der Straßburger Choralverein im Gasthofe zur Stadt Paris, wohin auch die drei Mülhauser Delegirten für die Choralgesellschaft eingeladen worden waren. Beim Nachtische wurde ein Fäßlein des köstlichen Rauenthalers angezapft, den die Mainzer mitgebracht hatten. Ihr Präsident, Herr Gödecker, füllte damit einen prachtvollen Kristallbecher, kredenzte ihn dem Vorstande der Straßburger Gesellschaft, wobei er einige herzliche Worte an diese richtete. Hierauf hielt der Verfasser dieses Büchleins, einer der drei Mülhauser Delegirten, folgende Anrede:

„Daß wir so innig froh, so brüderlich um diese Tafeldecke geschaart sind, und, nach des Liedes vollen Klängen die weinge-

---

[1] Eine ausführlichere Beschreibung dieses Festes findet sich im „Elsäſ. Samstagsblatt", 1860, S. 117 ff. Ueber vierzig Vereine, d. h. etwa 1000 Sänger waren zu demselben eingetroffen. Auch der im Titel erwähnte „Mainzer Kirchenmusik-Gesangverein" hatte der an ihn ergangenen Einladung Folge geleistet.

füllten Becher heben, — es ist kein Wunder, meine Herren: lagen doch die Gebiete, denen wir angehören, vor Jahrtausenden schon sammt und sonders, unter einer und derselben Decke! Freilich war es eine blasse, nasse Wasserdecke. Des Binnenmeeres Wellen schlugen an den Ufer bildenden Bergfirnen an und rauschten lustig über dem tiefen Grunde hin, den sie bedeckten. Aber was schlummerte nicht Alles auf diesem Grunde, von Basel bis nach Bingen!

„Ein Paradies erhob sich aus den verlaufenden Fluten — das Rheinthal, unser gemeinsames, schönes, liebes Heimatland, mit seiner thatenvollen Geschichte, und seinen zauberhaften Sagen, mit seiner Fülle von Poesie und Gesang, mit seinen wundersamen ehrwürdigen Domen, mit seinen schmucken Burgen und reichen Städten!

„Am Rhein, „aller Flüsse König," wie ihn mit Recht ein alter Sänger nennt — am Rhein, vom „eisernen Köln" hinauf zum „goldenen Mainz", zum „silbernen Straßburg" bis zum stolzen Basel, erstand ein kräftig Geschlecht, des schönen Landes werth, ein Geschlecht, das in vielfacher Weise der Gesittung und dem Fortschritte sein unvergängliches Gepräge aufdrückte.

„Am Rhein, — wo Gutenbergs Wiege stand; wo der Mönch von Freiburg den Stein der Weisen suchte und dafür das Pulver fand; am Rhein, wo der Nibelungensage schönste Gesänge entstanden; wo Chrimhildens Rosengarten blühte; wo Frauenlob die reine Minne pries; wo Gottfried von Straßburg das Lied von Tristan und Isolte sang; wo Wachsmuot von Mülnhusen und der von Gliers so freudig in die Leier schlugen; am prachtvollen Rheinstrome, dieser Pulsader im Herzen Europa's, da hat sich auch der Männergesang, in unseren Tagen, auf eine Höhe geschwungen, die er früher nie zu erreichen vermocht.

„Ihm, dem Männergesange, der die Herzen veredelt, zusammenführt und verbindet, der bald frisch und lieblich zu scherzen weiß, bald wild und mächtig rauscht, dann wie Gebet zum Aether sich erhebt: dem Männergesange haben wir es zu danken, daß wir die edlen Sangesbrüder des „goldnen Mainz," daß wir dessen ruhmbegränzten „Kirchenmusik-Gesangverein" in unsrer Mitte sehn.

„Dank, aus Herzensgrunde, diesem herrlichen Vereine! daß er mit der Fülle seiner Harmonien auch unsre Stadt Mülhausen begrüßt und dadurch unserm Feste einen eigenen Glanz verliehen hat! ihm Ehre und Heil immerdar! und jetzt, beim Klange der gefüllten Becher, ein dreifaches bonnerndes: Hoch!"

Beilage.

Analytisches Verzeichniß der Schriften des Verfasser's über das Elsaß.

1834-1884.

I. Archäologie. Geschichte und Landeskunde.

Alsatia. Beiträge zur elsässischen Landes-, Rechts- und Sittengeschichte u. s. w. Mülhausen u. Colmar 1850—1876, 11 Bde in-8". Mit Abbildungen.

Einige Worte über die zehn ersten Bände der Alsatia, 1850—1874. Mit Gesammtregister derselben. Colmar 1875.

Neue Alsatia. Einziges Bändchen. Mülhausen 1884, in-8".

Der Hünerhubel, ein gallisches Hügelgrab bei Rixheim. Mülhausen 1859, in-16.

Die Bürgerlichen Aufstände in Mülhausen, am Ende des 16. Jahrhunderts. Mülhausen 1874, in-12.

Die ehemalige Grafschaft Pfirt. Basel 1848, in-8".

Die Rechte und Besitzthümer des Klosters Oelenberg im Ober-Elsaß. Mülhausen 1871, in-8".

Der Kochersberg im Unter-Elsaß. Mülhausen 1857, in-16".

Das vordere Illthal, mit Abbildung des Schlosses Brunstatt und einem Kärtchen. Mülhausen 1873, in-16.

Aus alten Zeiten. Allerlei über Land und Leute im Elsaß. Mülhausen 1872, in-8".

II. Sagen. Abergläubische Meinungen. Sittenbilder. Volkspoesie.

Alsabilder. Vaterländische Sagen und Geschichten. Straßburg 1836, in-8°. (Gemeinschaftlich mit Adolf St.)

Elsässisches Sagenbuch. Straßburg 1842, in-8", mit 12 Stahlstichen von J. Klein, kl. Folio.

Die Sagen des Elsasses, nach den Volksüberlieferungen u. den Chroniken. Mit einer Sagenkarte des Elsasses. St-Gallen 1852 u. 1853, in-8°.

Chants et légendes populaires d'Alsace qui se rattachent à la température, etc. Colmar s. a., in-8°.

Zur Geschichte des Volksaberglaubens im Elsaß, im Anfang des 16. Jahrh., nach Geiler's Emeis. Basel 1856, in-8°.

Elsässisches Volksbüchlein. Straßburg 1842, in-8°, 2. Auflage. Mülhausen 1867, in-8°.

Etude mythologique sur les animaux fantômes de l'Alsace. Colmar 1851, in-8°.

(Meister Franck.) Allerlei Merkwürdiges über verschiedene Tage und Feste des Jahreskreises mit besonderer Rücksicht auf das Elsaß. Mülhausen 1877, in-8°.

Curiosités de Voyages en Alsace, tirées d'auteurs français, anglais et allemands, du 16ᵉ au 19ᵉ siècle. Mulhouse et Colmar, in-12.

III. Sitten. Rechtsgeschichtliches. Strafverfahren.

Cadeaux officiels faits par le magistrat de la République de Mulhouse. 1877, in-8°.

Die Herenprozesse im Elsaß, im 16. und 17. Jahrh. Mülhausen 1857, in-8°.

Pages inédites pour servir à *l'histoire des pénalités* de l'ancienne république de Mulhouse. Publiées au nom du Comité d'histoire et de statistique pour la célébration du 50ᵉ anniversaire de la Société industrielle, les 12, 13 et 14 mai 1876. Mulhouse 1877, in-8°.

Recherches sur le *droit d'asile* de l'ancienne République de Mulhouse. Nouvelle édition avec un appendice contenant des documents inédits. Mulhouse 1884, in-8°.

Notice *sur le Klapperstein* ou la pierre des mauvaises langues. Avec une planche. Colmar 1856, in-8°.

Der Klapperstein und andere Strafen für Fluchen, Gottesläſtern u. ſ. w. Mit einer lithogr. Abbildung des Klapperſteins u. des Kopfes des Gottesläſteres. Mülhauſen 1876, in-8°.

IV. Geſchichte der Literatur. Biographieen.

Geſchichte der ſchönen Literatur der Deutſchen. Strasburg 1843, in-8°. — Dieſes Büchlein war beſtimmt als Leitfaden beim Unterricht in den mittlern Schulanſtalten zu dienen und iſt mit beſonderer Rückſicht auf das Elſaß abgefaßt.

Essai sur la vie et les sermons de *Geiler de Kaisersberg*. Strasbourg 1834, in-4°.

Jörg Wickram, Volksſchriftſteller und Stifter der Meiſterſängerſchule zu Colmar, im 16. Jahrhundert. Mülhauſen 1866, in-12.

Jérôme Gémuséus de Mulhouse, philologue, philosophe et médecin. Mulhouse 1881, in-8°.

G. C. Pfeffel. Epiſtel an die Nachwelt, mit Erläuterungen und 24 ungedruckten Briefen. Colmar 1859, in-8°.

Chr. Friedr. Pfeffel, der Hiſtoriker und Diplomat. Colmar 1859, in-8°.

(G. C. Pfeffel.) L'école militaire de Colmar de 1776 à 1779. Notice tirée des mémoires inédits de Chr. Hub. Pfeffel, suivie de lettres inédites du poëte, son oncle. Mulhouse 1859, in-12.

G. E. Pfeffel's Verdienste um Erziehung, Schule, Kirche u. s. w., mit ungedruckten Briefen. Straßburg 1878, in-8°.

Der Aktuar Salzmann, Goethe's Freund und Tischgenosse in Straßburg. Mit ungedruckten Briefen an S. Mülhausen 1855, in-8°.

Der Dichter Lenz und Friederike von Sesenheim. Mit Briefen von Lenz an Salzmann und einem fac simile von Goethe's Schrift. Basel 1842, in-12.

Joh. Gottfr. Röderer und seine Freunde (Goethe, Lenz, Schlosser, Lavater, Blessig, Haffner, u. a.), mit ungedruckten Briefen. Colmar 1874, in-8°.

Nachtrag dazu. Briefe an Röderer von Lavater, Pfenninger, Schlosser, Wieland, Blessig. Colmar 1874, in-8°.

Notice sur la *Société pour la propagation du bon goût et des belles-lettres à Mulhouse, 1775-1789.* Mulhouse 1882, in-8°. (Avec le portrait de Jean Spœrlin, fondateur de la société.)

Alphonse Coste. Biographische Notiz. Mülhausen 1868, in-8°.

Aug. Michel. Notice biographique, lue à la Société industrielle de Mulhouse, dans sa séance du 29 novembre 1876. Mulhouse 1877, in-8°.

Aug. Michel. Reiseschilderungen und naturgeschichtliche Aufzeichnungen. Mit seiner Biographie, seinem Portrait und einer Ansicht des Unter-Aar-Gletschers. Mülhausen 1878, in-12.

J. G. Stoffel. Lebensbild eines oberelsässischen Gelehrten. Mit dessen Portrait. Straßburg 1881, in-8°. (Ins Französische übersetzt von J. Roesch, Post- und Telegraphen-Direktor zu Belfort.)

Petite revue d'*ex-libris alsaciens.* Avec le facsimile de

l'ex-libris de Conrad Lycosthènes, *Wolfhardt*, de Roufach. Mulhouse 1881, in-12°.

Eine verfehlte Vorlesung. Mülhausen 1875, in-8°. (Als Manuskript gedruckt.

Phantastischer Kreuz- und Querzug durch Alsatia. Straßburg s. a. in-8°.

V. Literarisches. Gedichte.

Sundgauer spez. Mülhauser Mundart.

Die burgundisch Historie. Reim-Chronik von H. E. Tusch, 1477. Mit erklärenden Anmerkungen von E. Wendling und Aug. Stöber. Colmar 1876, in-8°.

Erwinia. Ein Wochenblatt zur Belehrung und Unterhaltung. Straßburg 1838—1839, in-4°.

Elsässische Neujahrsblätter. Mit Fr. Otte herausgegeben. Straßburg 1844; Basel 1845—1848, 6 Bde in -8, mit Portraits berühmter Elsässer.

Fr. Otte. Elsässisches Samstagsblatt. Mülhausen 1856—1866, 11 Bde in-4°. Mitredaktion und zahlreiche Beiträge von Aug. St.

Gedichte. Straßburg 1842, in-8°. Zweite Auflage, Mülhausen 1867, in-8°.

Drei-Aehren. Gedichte. Mülhausen 1873, in-12. Zweiter Auflage, Straßburg 1877, in-12.

E Firobe im a sunggauer Wirthshüs. Volksscenen in 2 Abtheilungen; in Musik gesetzt von Jos. Heyberger. Mülhausen 1865, in-8° (Concert-Libretto); Zweite vermehrte Auflage 1868, in-8°. Aufgeführt im Theater zu Mülhausen, von dem Gesangverein Concordia, den 27., 29. und 30. April; im

Theater zu Colmar, den 13. Juni 1869. Ins französische patois übersetzt von C. Jeanmougin.

D'Gschichte vom milhüser un basler Sprichwort D'r Fürsteberger vergesse. Mit dem Portrait des Verfassers und fünf illustrirten Scenen von Math. Kohler. Mülhausen 1882, in-8°.

Adam Maeder. Die letzten Zeiten der ehemaligen eidgenössischen Republik Mülhausen. Herausgegeben von Aug. St. Mülhausen 1876, in-12.

Elsässer Schatzkästel. Straßburg 1877, in-8°. Mit zahlreichen Beiträgen von Aug. St.

Proben aus einem elsässischen Idioticon. Mülhausen 1846, in-8°.

VI. Kritik. Bibliographie.

Alsatica. Anzeigen und Besprechungen der im Jahre 1872 über das Elsaß erschienenen Schriften. Mülhausen 1873, in-8°.

„   „   Jahr 1873. Mülhausen 1874, in-8°.
„   „   Jahr 1874. Mülhausen 1875, in-8°.

Die Erfindung der Buchdruckerkunst. Straßburg 1840, kl. 8°. Ein auf die zu Straßburg stattfindende Feier der Einweihung von Gutemberg's Statue, bezügliches und von vier Schülerinnen der obern Mädchenschule abgehaltenes Gespräch.

Inhaltsverzeichniß.

Zueignung.
Vorwort.

Erste Abtheilung.
Biographisches.

Seitenzahl.

1. Johann Georg Stoffel. Lebensbild eines elsässischen Gelehrten. (1819—1880).............................. 1
   - I. Heimath und Familie. — Erste Jugend- und Lehrzeit. Colmar 1819—1839.................. 1
   - II. Beamtenjahre im Sundgau. — Geschichtliche, archäologische und topographische Forschungen. — Rückkehr nach Colmar. — Stadtbibliothek. — Krankheit und Tod. — 1849—1880.............. 11
   - III. Gelehrte Verbindungen. — Briefwechsel. — Schriftstellerische Thätigkeit...................... 19
2. Charakteristische Züge aus Johann Friedrich Oberlin's Leben.. 30
3. Emil Zipelius, Maler......................... 45
4. Elisabeth Brobbeck, geb. Balbner. Lichtbild einer braven Frau aus dem Volke................................. 52

Zweite Abtheilung.
Landeskunde.
Geschichtliches über die geschilderten Oertlichkeiten.

1. Aus dem Largthal im Ober-Elsaß................ 57
2. Schloß Wildenstein im St. Amarinthale.... 67
3. Das Dorf Dibenheim im Ober-Elsaß.............. 74

Seitenzahl

4. Das Schloß Ollweiler in Ober-Elsaß 81
5. Drei Aehren. Nach Natur, Legende und Geschichte.... 89
6. Das Städtchen Oberbergheim und sein Asylrecht 100
7. Kreuz- und Querflug durch Alsatia. (Eine Wort- und Fantasiespielerei 140

Dritte Abtheilung.

Volksglaube. Sagen. Legenden.

1. Die Bedeutung der rothen Farbe im Volksleben und Volksglauben, mit besonderer Beziehung auf das Elsaß 147
2. Das Laden vor Gottes Gericht ins Thal Josaphat ... 165
3. Das St. Adelphi-Brünnlein bei Neuweiler im Unter-Elsaß, eine Volks-Legende mit erläuternden und vergleichenden Anmerkungen 171
4. Die Legende von St. Gangolf, nebst Bemerkungen über die darin vorkommende Wasserprobe 187

Vierte Abtheilung.

Zur Rechtssymbolik.

Gerichts- und Strafverfahren.

1. Der rothe Thurm und das Rechtssymbol des Seidensfadens im Basler Bischofs- und Dienstmannenrecht 195
2. Strafarten im 17. und 18. Jahrhundert 202
3. Die Fausthämmer in Straßburg 214

Fünfte Abtheilung.

Zur elsässischen Kulturgeschichte.

1. Der Sankt Johannes Segen 223
2. Elsässische Absagebriefe aus dem Ende des 15. Jahrhunderts 226

	Seitenzahl
3. Ueber einige Lieblingsspiele im Mittelalter und die Einführung des Kartenspiels in Straßburg	241
4. Die großen Jahrmärkte oder Messen in Straßburg	253
5. Die ehemalige Elendenherberge. (Ein Beitrag zur Geschichte von Straßburgs Wohlthätigkeitsanstalten	266
6. Die armen Schüler in Straßburg während des Mittelalters	277
7. Die ersten Luftballons im Elsaß. (Aus zeitgenössischen Berichten)	286
8. Anrede und Trinkspruch, dem Mainzer Kirchenmusik-Gesangverein dargebracht beim großen elsässischen Sängerfeste	290

Beilage.

Analytisches Verzeichniß der Schriften des Verfassers über das Elsaß 1834—1884 293

Mülhausen. — Buchdruckerei Brüstlein u. Comp.